84

2215

Beauvais

MOYENS
POVR RESTABLIR
LE COLLEGE DE

Dormans, dit de Beauuais, en son premier estat, conformément à la fondation.

PRESENTEZ PAR LE PATRON Fondateur & les Chappellains dudit College de Dormans, dit de Beauuais, demandeurs en reiglement.

Contre les suppositions de Maistres IEAN GRANGIER, & GABRIEL LE GENTIL, defendeurs.

L.

A PARIS,
M. DC. XXVIII.

A NOSSEIGNEVRS

LES INTENDANS ET REFORMATEVRS
DV COLLEGE DE DORMANS,
dit de Beauuais.

E que l'autel est aux refugiez, le Iuge l'est aux clients (dit *Aristote:*) le premier sert aux vns pour les preseruer de toute oppression, le second s'efforce de reparer aux autres le tort qui leur est fait; & tous deux ensemble ne sont implorez que pour retrancher l'vsurpation d'vn pouuoir effrené, qui ne se plaist qu'à paroistre en l'offense d'autruy: cause que ceux qui par la fondation du Colllege de Dormans sont destinez au seruice de l'autel d'iceluy, ont creu deuoir promptement recourir à l'asyle du vostre sur l'extreme vexation qu'ils souffrent par les Principal & Procureur de la Maison, qui par infinis abus & desordres violent les Statuts, comme personnes entrees en leurs charges au grand mespris d'iceux: estant à esperer que par le renfort & secours du tribunal de vostre iustice esprouuee d'vn chacun, on verra renouueller les salutaires effects de cét autel Delien, le redoublement duquel commandé par l'Oracle, seruit à faire cesser les miseres des Grecs. Car comme le remede vous en est facile, à cause de vostre eminente authorité, & singuliere integrité, qui vous font autant cherir & respecter de ceux qui se

A ij

portent au bien, comme fuir & redouter des autres qui s'escar-
tent au mal : ainsi d'asseurance y emploirez vous ce que les anciens appelloient les mains des Dieux, & ce d'autant plus volontiers, qu'outre l'interest particulier des Complaignans, il y
va de sauuer l'honneur de leur Fondateur, la memoire duquel
est calomniee sans pudeur, par des gents qui deuroient prendre
sa regle pour conduitte, & recognoistre la liberalité d'iceluy
pour nourrice de leur vie. Le respect qu'à l'opposite on desire
luy rendre, pour celebrer autant ses vertus que bien-faicts, a
donné sujet de resueiller le bruit des trompettes de l'autel que
Marius dressa contre les Cimbres ; & l'obligation deuë aux
merites de si grands personnages que vous, par la conduitte des-
quels ce College a tousiours subsisté, & subsiste encores au comble de sa gloire, a preparé l'occasion aux vrais enfans d'iceluy,
de vous offrir les mesmes vœux que Pline fit à Trajan, sçauoir
qu'ils puissent vous impetrer les graces d'enhaut, par leur deuotion publique, comme font tous les iours par pieté priuee

NOSSEIGNEVRS,

Vos tres-humbles & tres-
obeissans seruiteurs,

Les Chappellains du College de
Dormans, dit de Beauuais.

MOYENS POVR RESTABLIR

LE COLLEGE DE DORMANS,
dit de Beauuais, en son premier estat,
conformément à la fondation.

'E s t o i t vne loy de Solon obseruee en la ville d'Athenes, Que celuy qui se sentoit de foible condition, soit pour estre venu de dehors y faire sa demeure, ou pour autre default, qui luy donnoit vne iuste défiance de ses forces, estoit tenu de se mettre souz le patronage de quelque haut & puissant citoyen, appellé Prostate par Menandre en sa Perinthie; afin que luy rendant humblement les seruices & deuoirs dont il auroit besoin selon les occurrences, iceluy Prostate au reciproque fust obligé de le preseruer par son authorité de toute oppression; & au cas qu'il fust poursuiuy de faict par quelque mal-veillant, l'assister d'affection en sa legitime defense, & le gàrentir à son possible de perte & dommage.

D e sorte que les Defendeurs ne doiuent trouuer estrange, si leur pretendue superiorité leur ayant iusques à huy donné le pretexte des abus & desordres, par lesquels sont enfraincts & violez les Statuts du College, contre l'intention des venerables Fondateurs d'iceluy, les Chappellains Demandeurs, aprés plusieurs plaintes rejectees par diuerses & insolentes menaces comme de gents que l'on repute *Pro passerino prandio*, auroient esté contraints en fin de se jetter souz la protection de Monseigneur le Prince Cardinal de Sauoye, Abbé de sainct Iean des Vignes de Soissons, Patron fondateur du College, autant & plus interessé qu'eux par telles entreprises : parce qu'en effect ils esperent que son authorité y pourra resister, auec d'autant plus de force & de vigueur que ses tiltres eminents.

Nomina sunt omni penè verenda loco.

Et ne se peut objecter, sinon par calomnie, ny soustenir que

A iij

par vne obſtination, qu'il n'y ait en cela que de l'emprunt du nom, & que ce ſont gents qui pour quelque intereſt particulier pourſuiuent ce procez à couuert, *ſub Aiacis Clypeo*; veu qu'à l'oppoſite le voile leué, ils executent le commandement de leur maiſtre, & n'oht aucune crainte de deſadueu. Au reſte, anciennement ſelon Seneque, les grands & puiſſans de Rome *nolebant nomina ſecum fieri, ſed adhibebant pararios & interpretes.*

Qvant à ce que Maiſtre Iean Grangier Principal du College, pour penſer rendre plus odieuſe ceſte action intentee contre luy, ſ'eſt jetté bien auant ſur la recommandation de ſes pretendus geſtes & merites, & auroit imité en ce l'artifice de ces Lenocrates, Africains, Scaures, & autres, *qui fiducia ſui*, & par vn ſeul branſle de leur ſourcil, deſtoûrnerent les Iuges de donner iugement contre eux: Il eſt icy à craindre au contraire que les actes par luy mis en auant, *ſint potius audaciæ ſumentis indicia*: & neantmoins en ce qu'il peut auoir bien fait, l'on n'entend point y apporter la cenſure, d'autant que ſi tout le reſte euſt ſuiuy de meſme, n'y euſt eu ny debat, ny procez: trop bien que ſainct Hieroſme leur appreſte à reſpondre, que quiconque fait ce à quoy il eſt tenu pour le deub de ſa charge, *Non tam meretur laudem, quam euitat flagitium.*

Et d'inſiſter que ce n'eſt tant vne jactance ou vanterie, qu'vne neceſſaire defenſe, qui par la connexité auroit attiré à ſoy ce qui ſembloit autremét en eſtre inſeparable, il doit à l'oppoſite côſiderer ce traict du grãd Maiſtre de l'eloquéce en ſes Academiques: *Dicerem de Lucullo, niſi de meipſo dicendum eſſet: itaque priuabo illum potius debito teſtimonio, quam id cum mea laude communicem.* Ioinct que ceſte predication eſt couchee d'vne ſorte, qu'on ne peut dire auec Auſone, *Non laudem affecto, veniam peto*: d'autant qu'elle eſt pluſtoſt traiſnee par force, que venuë d'elle-meſme. *Vix etiam è lubrico loco, cui neceſſitas leno cinata ſit.*

Finalement, à l'égard des iniures atroces, conuices, meſdiſances, & inuectiues de toutes ſortes, contre les Chappellains demandeurs, dont Maiſtre Iean Grangier a pluſtoſt diffamé, noircy, & ſoüillé ſon papier, que non pas illuſtré, ny eſtayé ſa cauſe, la proteſtation eſt icy faite toute publique, qu'on ne le veut imiter en cela, *Potius detrimento cauſa, quam verecundiæ*: & attendu que ſelon le dire veritable du vieil Poëte Philemon, les iniures meſpriſees redondent ſur leur autheur: auſſi que les Demandeurs croyent ce respect estre deub à la presence de la Cour, afin que ses oreilles ne soient offensees, *Hîs ne-fastis verbis, quibus inter sacra & vota* (dit Tacite) *abstinere mos est.* Ioinct que les causes ont accoustumees d'estre iugees par leur merite, & non par des iniures: tellement que selon Quintilian, *Cum in publicum ventum fuerit, & in forum spectabitur innocentiæ fides.*

Ce fondement donc estably par forme de prophylactère, ou de precaution, maintenant les Demandeurs viendront au fond, & diront, Qu'aprés plusieurs remonstrances, & prieres amiables, d'vn accord volontaire, ayans veu que Maistre Iean Grangier les auoit honteusement, & auec opprobres & iniures chassé de l'assemblee, pource qu'ils requeroient trois choses, neantmoins necessaires pour l'entretien de la paix: La premiere, Que le Procureur rendist ses comptes de l'an 1626. La seconde, Qu'il donnast caution, côme il est obligé par ordonnance de Nosseigneurs, de l'an 1610. La troisiesme, Que les quatre derniers reglements leur fussent communiquez: & qu'en toutes propositions faites en communauté, ledit Grangier n'auoit de coustume de respondre en substance, sinon par mespris, *Melius, peius, prosit, obsit, valeat quod lubet*: Ils ont esté contraints, quoy qu'à regret, de le faire assigner en la Cour, auec le Procureur son collegue & allié en cas de reglement. Et combien que selon Cassiodore, *Innocentis professio sit, iudicis elegisse præsentiam*: si est-ce chose estrange, que les Defendeurs, qui font tant des asseurez, n'ont combatu que comme les Parthes en fuyant, voire auroient laissé iuger vn default contre eux, sur ce qu'ils pretendoient transferer ceste instance à Nosseigneurs de la direction du College, pour en remporter vn simple aduis & reglement, & faire en sorte que la Cour entiere n'en cogneust point, de peur d'auoir vn arrest solemnel, & contradictoire, à leur desauantage. La Cour toutesfois retranchant le cours à tous ces friuoles subterfuges, auroit ordonné par son arrest du 8. Ianuier, Que les parties fourniroient leurs demandes & defenses pardeuant Nosseigneurs les Commissaires de la Cour deleguez en ceste part. Ainsi pour accelerer l'instruction, & faciliter le iugement de ceste instance, ne reste plus aux Demandeurs que de cotter par ordre les chefs de leurs premieres & secondes demandes, en deduire les merites, rapporter, & destruire viuement ce que les Defendeurs ont voulu repartir au contraire.

Vincendi præsens ratio est, si cominùs ipsæ
Dictorum facies, & colluctantia contrà
Viribus infestis, liceat portenta notare.

ET d'autant que la prouision & reception de Maistre Iean Grangier en la charge de Principal, & celle de Maistre Gabriel le Gentil son beau-frere, en la fonction de Procureur du College, eux estans originaires & diocesains de Chaalons, sont faites contre le statut exprés de la fondation de l'an 1370. qui veut qu'ils soient du bourg de Dormans, au moins du Diocese de Soissons : & pour remedier à telles intrusions & voyes illicites, il est requis que desormais aucuns ne soient pourueus ny receus en icelles charges, ny autres du College, que les parents du Fondateur, natifs dudit bourg de Dormans, villages circonuoisins, & en somme des autres lieux du Diocese de Soissons, tant qu'ils seront capables par suffisance commune : & neantmoins qu'il sera presiny temps au preallegué le Gentil, dans lequel il sera tenu faire iuger l'instance d'opposition formee à sa reception, par Maistre Claude Guilpin natif d'iceluy bourg de Dormans, cy auparauant Boursier dudit College : autrement & à faute de ce faire, qu'il sera prouueu d'vn autre en sa place.

CESTE demande est fondee sur le statut exprés de la fondation faite, comme a esté cotté, en icelle apnee 1370. regnant Charles V. par feu de bonne memoire Messire Iean de Dormans, Cardinal du tiltre des quatre coronnez, Euesque de Beauuais, & Chancelier de France, lequel en consideration de ses alliez, & de ce qu'il estoit natif, & Seigneur de ce bourg de Dormans, qui est vn village scitué sur la riuiere de Marne entre Chasteau-Thierry & Espernay au Diocese de Soissons, à ceste cause auroit voulu que les douze Boursiers par luy instituez en iceluy College, souz la charge d'vn Maistre, auiourd'huy appellé Principal, & d'vn Souz-maistre par luy nommé *Submonitor*, & autres, seroient choisis & tirez de ses parents, d'iceluy bourg de Dormans, villages circonuoisins, & autres lieux du Diocese de Soissons. Et où il en defaudroit de ceste extraction, veut le Fondateur *quod de alia patria sumantur & eligantur, qui tamen sint sufficientes & idonei.* Par laquelle clause se voit clairement, qu'il ne permet de prendre des externes & forains, sinon au cas que les originaires de Dormans, & lieux circonuoisins, & diocesains de Soissons vinssent à defaillir. Fondation omologuee par l'Euesque de Paris l'an 1373. le

penultiesme

penultiefme Iuillet, & l'vnziefme Aouft fubfequent par l'Vni-
uerfité de Paris, en fon affemblee au Conuent des Mathurins,
confirmee par arreft de la Cour, du 17.May 1385. & par arreft du
Confeil, lors feant à Melun, le 13.Septembre, enuiron le mefme
temps. Sur quoy, auant que paffer plus outre, il y a deux poincts
à obferuer: Le premier, que ny la fondation primitiue d'iceluy
College, confiftante en l'eftabliffement d'vn Principal, Souz-
maiftre, Procureur, & petits Bourfiers: ny mefmes la feconde, par
laquelle font fondez les Chappellains auec grande dotation &
augmentation de rentes & reuenus, ny autres fubfequentes, n'ont
efté faites pour y eftablir vn exercice public des arts & facultez:
ains pour y enfeigner & inftruire les petits Bourfiers en particulier; & ce, par le Superieur à eux donné, nommé dans ladite fondation *Magifter*, & par le Souz-maiftre qualifié *Submonitor*; &
pour eftre celebré tous les iours par lefdits Chappellains le feruice diuin pour le repos de leurs ames, & de leurs alliez.

Et de là l'on peut induire que ce tiltre de Maiftre n'auroit
efté conuerty & changé en Principal, finon depuis que l'exercice
public y auroit efté introduict par creCtion de claffes, admiffion
de Regents, & Maiftres és arts: à la diftinCtion defquels, & pour
marque plus infigne, leur Superieur auroit efté qualifié Principal, de mefmes qu'en la loy *diui.*§. 1.*ff. de pœnis*, les Magiftrats &
Gouuerneurs font appellez *Principales ciuitatum*. Et en la loy
omnes, C.*de Decurionibus, Decurionum primi Principales nominantur.*

Le fecond poinCt eft que par le concordat paffé en la prefence des Officiers & Bourfiers d'iceluy College, le 17. May 1385. entre Meffire Guillaume de Dormans Euefque de Meaux, autre
fecond fondateur, d'vne part: & l'Abbé de fainCt Iean és Vignes
de Soiffons, d'autre, la fondation primitiue, pour la qualité des
originaires n'auroit point efté changee: ains feulement eft ac-
cordé qu'iceluy Meffire Guillaume de Dormans iouïra fa vie durant de la collation des charges, offices, & bourfes d'iceluy College, à la prefentation de l'Abbé de fainCt Iean és Vignes, &
qu'aptes le trefpas d'iceluy fieur Guillaume de Dormans, icelle
plaine collation appartiendroit pour toufiours à la Cour de Parlement, comme du depuis elle en a toufiours iouÿ, & iouït encores.

Avqvel poinCt feul auroient efté changees les fondations,
qui portoient que le Fondateur fon frere & fes nepueux confe-

reroient de leur viuant, & qu'aprés leur trespas la plaine & entiere collation appartiendroit à l'Abbé de sainct Iean és Vignes de
Soissons. Par ce concordat posterieur ne luy est laissee que la
presentation, & à la Cour l'entiere collation.

Mais en tout sens, on voit que le Fondateur par respect de sa
patrie, de son sang, & lignage, & de son Diocese, auroit voulu que
les originaires d'iceux, tant qu'ils se trouueroient capables, seroient preferez aux externes & forains. Et encores vient-il à
considerer que ceste clause subsidiaire n'auroit esté apposee, sinon à cause qu'en ce temps là l'estude des lettres estoit fort rare
aux Soissonnois, par ceste clause expresse, *Videntes hoc fieri non
posse commodiùs, quàm quod locis, & personis dicta patriæ, modo plus
solito carentibus scientiarum doctoribus, valeat subueniri.*

Or à l'opposite, du depuis il auroit tousiours abōdé & abon-
de encores en plusieurs gents de lettres, & bien versez en toutes
sciences & facultez : ou pour vser de ce terme de Varron, *Quibus
oliuitas omnis in lucubrando consumpta est.* Et ainsi le bourg de Dormans, le païs circonuoisin, & le Diocese Soissonnois pourroit
estre appellé selon Pacuue, *altrix tellus exuberantium virorum.*

Neantmoins, Maistre Iean Grangier qui confesse & recognoist luy-mesme estre originaire & diocesain de Chaalons
en Champagne, & au cas pareil Maistre Gabriel le Gentil, se
voyent auiourd'huy contre le statut exprez, l'vn Principal, &
l'autre Procureur du College. Que diroient les Romains, *qui
nunquam alienis auspiciis rem publicam geri voluerunt?*

A ce que donc ceste prouision & reception subreptiue, &
faite diametralement contre le statut de la fondation, reglemens
& arrests ne soit tiree à consequence, les Demandeurs en ont fait
le premier chef de leur poursuitte, par la mesme raison que celle
du Iurisconsulte en la loy 2. *ff. de hæred. instit. prudens consilium
testantis animaduertitur, qui non solum fratrem, sed etiam liberos eius
substitutis prætulit.*

Le sens commun, l'instinct de la nature, & le droict des gents
combattent pour ceste demande à cause de l'amour de la patrie,
de la parenté, du voisinage, & dependances, selon le discours ele-
gant de Sidonius Apollinaris, liure 3. epistre 3.

—————————————colam te,
*Ni fallor, patriam, patrémque iuxta,
Qui quanquam sibi vindicare summum*

Poßit iure locum : tamen neceße est.
Illam vincere, quæ parit parentes.

ET ainſi dans Suetone, l'Empereur Caius Ceſar aima ſur tout le bourg Arrium, *Et velut natalem terram omnibus prætulit.* Et l'Empereur Veſpaſian, *Auiæ memoriam tantopere dilexit, vt ſolemnibus, ac feſtis diebus poculo eius argenteo potare perſeuerauerit, & à loco natali oculos auertere non potuerit.*

L'ESPREVVE en eſt plus ſenſible que le diſcours neceſſaire : & à l'eſgard du reſpect du lignage & de la poſterité : *ipſæ familiæ* (diſoit Ciceron *in Bruto*) *ſua quaſi ornamenta, & monimenta ſeruabant : & ad vſum, ſi quis eiuſdem generis occidiſſet, & ad memoriam laudum domeſticarum, & ad illuſtrandam nobilitatem ſuam.*

COMME AVSSI pour ce qui eſt de l'affection naturelle vers le voiſinage, il aduient (dict Quintilian) *vt quemdam aduerſus terras ipſa conſuetudine ducamus affectum ;* & ainſi en l'Epiſtre troiſieſme du ſeptieſme des Diuerſes de Caſſiodore , *Romani vobis ſicut ſunt poßeßionibus vicini ; ita ſint & charitate coniuncti.*

DE MESME AVSSI que le reſpect du Dioceſe n'eſt petit, pour la raiſon qu'en allegue Yues Eueſque de Chartres, *quia tractus ille Eccleſiæ in Chriſto nos genuit, & fundamentum religionis in nobis poſuit :* prenât icy Dioceſe pour le Deſtroict ſpirituel & Eccleſiaſtique ſeulement, non pour le temporel & ſeculier : ou pour le territoire de toute la prouince, auquel ſens il ſe trouue pris en l'authentique *quomodo oporteat Epiſcopum :* & en l'authentique *de alienandis verſic. iudices per dioceſes (id eſt prouincias, vel earum territoria) conſtituti.*

VOILA DONC ceux que le Fondateur a voulu iuſtement preferer aux externes : tout ainſi que ſur la meſme notion, par la loy *in Eccleſÿs,* qui ſemble decider ce chef de demande, *C. de Epiſcopis & Clericis :* ceux-là doiuent eſtre preferez aux fonctions des Egliſes qui ſont du bourg, ou de la cité où elles ſe trouuent baſties. Le meſme en la loy, *cùm Nauarchorum, C. de naukicularÿs.*

AV CAS PAREIL, s'il eſt queſtion d'eſlire vn tuteur, on le prend du lieu, s'il n'y en a point de capable & idoine, il ſera tiré des lieux circonuoiſins, *l. Diuus Marcus, ff. de excuſat. tut. & l. 1. §. ſi quando ff. de magiſtrat. conueniendis.* Or le Principal, & Procureur d'vn College ſont-ils pas vne eſpece de tuteurs?

YVES Eueſque de Chartres en ſon Epiſtre 120. donne vn bel aduertiſſement ſur ce meſme ſubiect, quand reſcriuant à Geof-

froy Doyen de l'Eglife du Mans, touchant l'intrufion d'vn certain Ebrard, il l'admonefte que s'il veut fe defcharger de l'impor-
tunité d'iceluy, il en a bon moyen : *libera tibi eft facultas refutandi,
quia fecundum decretum Papæ Cœleftini, tunc primùm alter de altera
eligendus eft Ecclefia, fi de ciuitatú ipfius clero, cui Epifcopus eft ordinan-
dus, nullus dignus eft, (quod euenire non credimus) poterit reperiri.*

OR, auparauant que Maiftre Iean Grangier, & M. Gabriel le
Gentil fon allié, fufsét prouueuz, & receuz, l'vn Principal, l'autre
Procureur en ceftuy College, n'y auroit eu ny enquefte, ou infor-
mation au prealable faite fur les lieux, pour fçauoir fi l'on y trou-
ueroit des perfonnes capables, & fans doute l'on y en euft trouué :
faute de cefte recherche il y auroit eu de la furprife & de l'intrufion : partant eft-ce pas donner lieu à la priere de cet Ancien,

> ———*Non me fcindat vagus afer aratro,*
> *Nec Libyæ Aufonÿs commendet femina fulcis :*

TOVTESFOIS apres auoir par les Demãdeurs eftably le fonds
de leur demande, il n'eft hors de propos d'ouyr M. Iean Grangier
en fes deffences. En premier lieu, il dit que les Demandeurs font
incapables d'agir contre luy, comme leur Superieur. 2. Qu'il y
a treize ans & plus qu'il eft paifible, & que maintenant à tort on
luy veut faire ce trouble. 3. Qu'il auroit efté introduit en cefte
charge de l'authorité de feu Monfieur le premier Prefident de
Verdun : & que le refpeƈt deub à la memoire de ce grand perfon-
nage, le deuoit garentir de cefte procedure. 4. Que toute terre
eft patrie à vn habile homme : & qu'il vault mieux confiderer la
fuffifance, que non pas l'origine.

OR, quant à la premiere obieƈtion, touchant la preten duë
incapacité d'agir des Demandeurs, ils refpondent qu'elle auroit
efté preiugée, & reiettée par l'Arreft preallegué, du huiƈtiefme
Ianuier 1628. par lequel les parties auroient efté renuoyées pardeuant Nofleigneurs les Commiffaires, pour y proceder & eftre
reiglées par eux. Voilà donc les Demãdeurs, qui font à pareil degré d'authorité en la communauté que ledit Grangier, expreffément declarés parties capables, de mefmes qu'il fe praƈtique en
toutes exceptions preiudiciables, *aut fori tranflatorÿ,* comme par-
lent les Rhetoriciens : c'eft la Decifion de la Loy, *is cuius,* & *l. fi-
lius,* § *milites, ff. de Procuratoribus.*

AVSSI les vrais Superieurs de ceftuy College, font Noffeigneurs de la Cour, Collateurs, & le fieur Abbé de Sainƈt Iean és

Vignes Patron & Preseptateur. Le Principal & Procureur ne leur sont que subalternes, & les Demandeurs auec eux sont membres d'vn mesme corps.

TELLEMENT que le Principal & Procureur pour se dire les premiers au rang du College, ne laissent pour cela d'estre comparciers de leurs collegues : *Rectorem te posuerunt, noli extolli* (disoit l'Ecclesiastique) *sed esto quasi vnus ex illis.*

IL y a plus, que le droict par le noble office du Iuge secourt aux inferieurs (quoy que les Demandeurs ne soient en ces termes) pour se prouuoir en cas de tort & grief contre leurs Superieurs ; voire à l'enfant contre son pere, moyennant que la reuerence se contienne dans ses bornes, *l. non debet. ff. de dolo, l. si superstite, C. eodem, l. cum adfirmes. C. de liberali causa, l. si manumissori,* fort belle, *C. de obsequiis praestand.* Le discours en est excellent dans Aulugelle, *lib. 2. cap. 7.*

AINSI la premiere objection de pretenduë incapacité d'agir estant renuersee, à suffire, viendra la seconde en ordre, par laquelle on allegue vne possession paisible de treize ans & plus, & vn trouble trop tardif, *& quid tandem serus hic vesper vehit?*

L'EVENEMENT le fera paroistre : mais cependant les Demandeurs ne peuuent demeurer d'accord de ce terme de *paisible*: car dés le commencement que Maistre Iean Grangier se presenta pour estre receu en ce tiltre de Principal, il y eut du bruit & du murmure, *vel clam, vel cum scrobe,* de ce qu'il n'auoit la qualité, ny l'extraction requise par le statut. Vne plus forte & redoutee puissance les fit taire, & lors ils furent contraints de dire,

— *Imperio vinci maiore fatemur.*

DE maniere que supposé que par la loy *Imperatores. ff. de Decurionibus,* l'on doiue proposer contre vn homme lors de son installation, ce parquoy on le veut rejecter, pour la raison de ceste loy *turpius quem eyci quam admitti:* si est-ce que les Demandeurs peuuent asseurer qu'ils manquerent alors plus de liberté que de volonté, non pour haine qu'ils portassent à Maistre Iean Grangier, mais pource qu'ils se sentoient chargez en conscience, de preferer au respect d'iceluy l'exacte obseruance de leurs loix patriotes, voire par vn zele non moindre que celuy qui est rapporté dans l'epigramme Grec des Lacedemoniens, *Nous auons icy rendu le dernier souspir de nostre vie.*

S'ILS eussent voulu la voix d'appel cómme d'abus, ou simple, elle leur euſt eſté & ſeroit encores ouuerte, nonobſtant le laps de temps : d'autant qu'il n'opere rien tant que dure la cauſe de la crainte, *l. 2. C. quod metus cauſa*: & laquelle n'auroit ceſſé que par le treſpas aduenu depuis vn an au premier Magiſtrat, lequel protegeoit entieremēt ledit Maiſtre Iean Grangier, l'authorité duquel les auroit touſiours par vn reſpect retenu dans le ſilence, ſçachans bien que le precepte de Ciceron au commencement de l'Oraiſon, *Pro Murena*, ſembloit l'obliger à ce faire, lequel veut que celuy qui inſtituë vn autre en vne charge, ſoit ſon garēd perpetuel, pour le maintenir en icelle contre tous aſſaillants : *ſi in ys rebus repetendis, quæ mancipi ſunt, is periculum iudicij præſtare debet qui ſe nexu obligauit : profecto etiam rectius in iudicio conſulis deſignati, is potiſſimùm conſul qui conſulem declarauit, author beneficij Pòpuli Romani, defenſorque periculi eſſe debebit.*

O R qui des Demandeurs ny autre euſt oſé leuer le ſourcil contre luy ? & comment euſt-il ſouffert *vt per alienum latus foderetur* ? Ciceron dict fort naïfuement en l'Oraiſon, *Pro Quintio, ſolent hoc viri nobiles, ſeu rectè, ſeu perperàm faciunt : ita in vtroque excellunt, vt nemo humili loco natus aſſequi poſſit.*

M A I S, tant y a que pour le reſpect de ſa memoire, laquelle ne laiſſe de viure és Demandeurs encores qu'il ſoit mort, ils ne veulent point plus outre remuer ceſte queſtion, ſeulement ils deſirent rechercher vne precaution pour l'aduenir, à ce que telle choſe faite à l'extraordinaire, & contre les loix, & ſtatuts du College, pour vne pure gratification indulgée à ſa perſonne, ne puiſſe eſtre tirée à conſequence : & ledit Maiſtre Iean Grangier, s'il aime cordiallement le College, ne s'en doit formaliſer, puis qu'il n'y ſouffre aucun dommage ne intereſt : eſtant loiſible apres vn deſtour de la ligne ecliptique de reuenir à la doricte, *vnde non decuit abire.*

P V I S Q V E les priuileges ſont perſonnels, ils ſe doiuent eſteindre auec les perſonnes, non paſſer à d'autres, eſquelles peut-eſtre n'y a meſme raiſon. La loy des douze Tables en tout deffendoit d'irroger des priuileges : car comme diſoit Albert Crants, à la longue ſe tournent en prauileges : joinct que c'eſt l'effect d'vne Republique bien ordonnée, que le droict ſoit commun, & eſgal à tous, en ce qui eſt de la diſcipline ciuile.

E T bien que les occaſions diuerſes en ayent quelquesfois extorquez aucuns, *& qua cuique magnifica contigerunt*, ſelon que

Valere ᴍᴀxime auroit trouué bon de les paraphrafer, ſi eſt-ce
que ç'a touſiours eſté auec reſtriction. Les Hiſtoires ſacrées &
prophanes en ſont pleines d'exemples : voire que le corps humain ſe gouuerne ainſi, ſelon Hyppocrate en ſes Aphoriſmes,
dont le Latin vulgaire ſera pluſtoſt icy rapporté que le Grec,
pour eſtre mieux entendu : *his quæ non ſecundum rationem leuant,
non oportet credere, neque valde timere, quæ praua fiunt præter rationem,
inconſtantia ſunt, nec valdè permanent.*

Cᴇ qui ſemble auoir faict dire à Quintilian en la 253. de ſes
Declamations, *non eſſe admittendam rogationem in fauorem priuati,
ne obligentur tempora futura.* Et par l'apprehenſion du danger de
la meſme conſequence, il dict en la 255. *Magnum eſſe in ſingulis mo-
mentum, & quod ſinguli faciunt vniuerſi ſuadebunt* : Eſt-ce point
donc aſſez pour diuertir Maiſtre Iean Grangier de n'empeſcher
ce qui peut porter profit au general ? Faut-il que pour luy &
ſon collegue les loix du College demeurent enfraintes ?

   Nec tanti eſt Calydon, nec tota Ætolia tanti.

Dᴏɴᴄ, le bouleuerſement de ceſte deuxieſme objection de-
ſtruict auſſi la troiſieſme.

Rᴇsᴛᴇ la quatrieſme obiection, Que toute terre eſt pays à vn
homme de valeur, ou ſelon les vers du Poëte Auſone,

   Non obſtare locum cum valet ingenium.

Mᴀɪs cela eſt bon és diſcours des Philoſophes, d'autant qu'ils
n'atteignent les choſes ſinon *ratione, & intelligentia* : ſuiuant ce
qu'eſcrit Ciceron au troiſieſme de ſes Offices, veu qu'à l'oppoſite
les Iuriſconſultes les traictent, *quatenùs manu teneri res poſſünt.*
Tellemét qu'y ayant icy ſtatut exprés & particulier, reglemés, &
arreſts qui ont determiné de preferer les originaires aux forains,
quel Iuge peut iuger contre cela ? car comme remonſtroit le Roy
Aſtiages au ieune Cyrus, dans le premier de la Cyropedie de Xe-
nophon, la Iuſtice ne giſt pas à vſer de bien-ſeance ou accommo-
dation, mais à regarder ce que la loy permet, ou prohibe, & l'ordonner ainſi : *Legem*, diſoient les Romains dans Tite-Liue, *rem
ſurdam eſſe, & inexorabilem.*

Aᴠ reſte, ſi Maiſtre Iean Grangier pretend, bien que contre
raiſon, qu'il doit bailler certificat, que les preſentez par le Sieur
Abbé de ſainct Iean és Vignes ſont de l'extraction requiſe : eſt-
ce pas impugner le droict du Patron, & ſe vouloir rendre compa-
gnon du Sieur Abbé en la preſentation ? Et ſ'il eſt beſoin d'ap-

porter certificat du lieu, & de la qualité au Patron & Fondateur,
les Religieux de ladite Abbaye qui sont grands Vicaires de-
meurans dans le Diocese, & ont benefices Cures aux portes
de Dormans, ne seront-ils pas plus certains de l'extraction des
Boursiers, que Maistre Iean Grangier, esloigné de vingt-deux
lieuës, & plus?

IOINT qu'il recognoist luy-mesme, & est vray, que Maistre
Iean Richard Archidiacre de Soissons auroit fondé deux petits
Boursiers en iceluy College, pour y preferer ceux de son lignage,
& de la chastellenie d'Arceys. Plus Maistre Iean Notin deux autres petits Boursiers & vn Chappellain perpetuel de sa parenté,
ou de la ville de Compiegne. Que si cela est gardé pour ces fondations de personnes de moindre nom, quoy pour vn grand Cardinal de sang illustre, Chancelier de France, & premier Fondateur?

An cælum subsidet inferius mari?

AV contraire, les Antochtones ou Indigenes par luy denom-
mez, doiuent estre preferez, pourueu qu'ils ayent vne capacité
ou suffisáce commune & mediocre, affin que Maistre Iean Grangier ne les vueille point contraindre,

Esse quod Arcesilas ærumnosique Platones.

CAR si le tiltre de la fondation porte qu'au defaut des originaires seront pris des forains *qui sint sufficientes*, il ne dit pas *per-
fecti*: à plus forte raison c'est assez que les originaires *sint* aussi
sufficientes, sans requerir en eux vne parfaite encyclopedie, ou
vne faconde Isocratique. Cela est decidé par exprés en la loy
sciendum 19. *ff. de ædilit. edict.* Que si vn esclaue est vendu pour
sçauant, *non vtique perfectum eum præstare debet, sed ad aliquem
modum peritum, vt neque consummatum accipias, neque rursus indo-
ctum esse in artificio.*

FINALEMENT, pource qu'il y a eu opposition formee à la
reception de Gentil Procureur, à la poursuitte de Maistre Claude Guilpin originaire de Dormans, & cy auparauant Boursier du
College, iustement on demande contre luy qu'il la face vuider,
autrement soit procedé à autre nouuelle prouision. Car selon
Aristote, *Dubitans similis est ligato.* Et les Iurisconsultes pareillement tiennent pour homme nul, *eum qui dubitat de statu suo, C. de
statu suo dubitantes, ff. qui testamenta facere: & l. qui status. ff. de re
militari.* Donc Gentil doit faire asseurer son estat, & leuer la li-
tispendance;

tiſpendance; autrement tout ce qu’il fait peut-il pas eſtre debatu d’entiere nullité?

Priuatoẛ viro vetitum ſic dedecus hæret.

DEVXIESME DEMANDE.

CONTIENT-ELLE pas vne apparente iuſtice, puis qu’elle tend à ce que ſuiuant la fondation, le Principal & Procureur ſe facent promouuoir à l’ordre de Preſtriſe, & celebrent les Meſſes auſquelles ils ſont tenus? Car le texte de la chartre porte diſertement, Que le Maiſtre & Procureur du College ſeront Preſtres lors de leur prouiſion, ou du moins en prendront le charactere preciſément dans l’an, *Vt celebrent quoquo die.* Ce que le Fondateur ſemble auoir tiré du chapitre *licet, canon. de elect. in 6.* qui eſt du Pape Gregoire X. au Concile general de Lyon, & du chapitre *ſi pro Clericis, tit. de præb. in eodem ſexto.*

AVSSI eſt-il certain par le droict, qu’il n’y a ny remiſe ny diſpenſe, quand l’ordre de Preſtriſe eſt requis par la fondation, *quia deuotio & ſuſceptio voti eſt*, qui ne ſe peut retracter, *tota cauſa 20. quæſt.1. & 27. quæſt.1. cap. quod ſuper, de ſide inſtrum. & l. ſi quis.ff.de pollicit.*

L’EXEMPLE en eſt bien familier en pluſieurs Egliſes: Mais pour choſe plus euidente on prendra la ſaincte Chappelle, toutes les Prebendes par la fondation de ſainct Louys eſtoient Sacerdotales, & les Clercs d’icelle ſ’appelloient grands Chappellains: car ils n’ont pris le nom de Chanoines que depuis qu’il leur auroit eſté baillé par le Roy Philippes le Long. Les vieilles chartres iuſtifient que tant que ceſte fondation auroit duré, nul n’eſtoit prouueu de ces grandes chappelles, ſinon qu’il fuſt Preſtre, ou fuſt promeu dans l’an.

A l’exemple d’icelle l’an 1379. le Roy Charles V. fonda ſa royalle Chappelle au Bois de Vincennes: mais tout de meſme fit les Prebendes Sacerdotales, encores que ce ſoient auiourd’huy Chanoinies: le ſtatut dure encores confirmé par pluſieurs arreſts, qu’il faut que les prouueus ou ſoient Preſtres, ou ſe facent tels dans l’an preciſément.

FINALEMENT, c’eſt vn droict ſingulier, qu’encores que les prouueus des Chanoinies, Prebendes ou Chappelles doiuent eſtre receus par les Chapitres ſans aucune cognoiſſance de cauſe

C

en monſtrant leur ſimple lettre de tonſure: neantmoins cela ceſſe
és Prebendes & Chappelles Sacerdotales de fondation, car en ce
cas faut repreſenter aux Chapitres ſa lettre de Preſtriſe, ou faire
ſerment de prendre l'ordre dans l'an:autrement peuuent eſtre re-
jettez *ex defectu qualitatis, tempore ſtatuto, cap. ex litteris de tranſact.
& cap. ſi eo de reſcript.in 6.*

C'eſt choſe trop conſtante, & ne s'y faut eſtendre plus auant,
ſeulement ſera obſerué, que les Payens en cela nous font honte:
car les Druides, au rapport de Ceſar, qui gouuernoient les eſco-
les, eſtoient Preſtres, ſelon leur loy, *& præerant ſacris.* Et ſelon Tacite, au liure *de moribus Germanorum*, nos maieurs auoient ce tiltre du Sacerdoce en telle veneration, *vt neque vincire, neque
animaduertere, neque verberare quidem niſi Sacerdotibus permiſſum,
velut Deo imperante.*

En meilleur ſens, depuis le Chriſtianiſme nos anceſtres ont
affecté que leurs enfans fuſſent inſtruits par les Preſtres, & gents
qui euſſent ce ſacré charactere, eſtimans que c'eſtoit pour leurs
enfans vn ſigne de benediction. Les Epiſtres de Sidonius Apollinaris, & ſainct Gregoire de Tours le teſmoignent en infinis endroits. Et ſans ſe dilater là deſſus, ſera icy remarqué le 21. article
du premier des Capitulaires en ces mots fort emphatiques, *De
Miniſtris altaris Dei, & de ſchola*, conioignant la charge du mini-
ſtere de l'autel auec l'eſchole?

D'ailleurs, le texte de cét article fait grandement à ob-
ſeruer en ces mots: *Vt Miniſtri altaris Dei ingenuorum, & aliorum
filios ſibi aggregent, & vt ſchola puerorum legentium fiant, pſalmos, no-
tas, cantus, compotum grammaticum per ſingula monaſteria & epiſcopia
diſcant.* Choſe en ſomme generalement practiquee par toute la
France, comme on peut voir par le chapitre *ſuper ſpecula tit. de
magiſtris* aux Decretales Gregoriennes. Et partant ne ſe faut eſ-
bahir ſi Meſſire Iean de Dormans Fondateur du College de ſon
nom, eſtant Cardinal & Eueſque auroit voulu que le Maiſtre ou
Principal & Procureur d'iceluy fuſſent Preſtres, ou ſe fiſſent promouuoir dans l'an preciſément, & chantaſſent Meſſe par chaque
iour.

Mais commét eſt-ce que l'vn & l'autre, ſils ne ſont Preſtres,
adferent carmen ſuum ad ſacra vatum? Et le Poëte Horace, tout
Payen qu'il fuſt,

——— ——— *carmina non prius*

Vulgata, musarum sacerdos
Virginibus, puerisque cantat.

LES faut maintenant oüir en leurs defenses : Maistre Iean
Grangier dit de son chef, 1. Que sa prouision est faite *tanquam*
Clerico, non Sacerdoti. 2. Supposé que le Fondateur ait requis ceste qualité Sacerdotale, neantmoins que du depuis les Chappellains ayans esté instituez au College par Milon de Dormans
nepueu du Fondateur, & autres, cela auroit raisiblement des-
chargé les Principal & Procureur de prendre l'ordre de Prestrise.
3. Qu'à tout le moins il est Diacre. 4. Qu'il a la veuë fort basse;
& que l'on iuge de là s'il est propre à traitter tels mysteres. Pour le
Procureur, il repete le mesme, & adiouste que s'il estoit Prestre,
il ne pourroit selon sa charge *immiscere se negotijs secularibus.*

ET neantmoins l'on adioustera que le mot de, *clericus*, com-
prend aussi le Prestre, pourueu qu'il soit inferieur à l'ordre Epis-
copal, comme on le void au tiltre de *Episcopis & clericis in codice*, &
aux capitulaires de Charlemagne, *tit. de clericis ecclesiastici ordinis;*
non pas que Maistre Iean Grangier fust Prestre par effect lors de
sa prouision, bien que le statut le requist : mais pource qu'il le deuoit estre par destination, comme il est elegamment decidé par
la glose du chapitre second, *extra de institutionibus*, aux DECRETALES
Gregoriennes.

PARTANT la prouision faite *tanquam clerico*, l'obligeoit par
destination lors presente à se faire Prestre dans l'an selon le statut,
aussi estoit-ce l'intention du Patron, & si cela ne s'est fait, qu'il
aduise si sa conscience est est deschargée par le passé : car quant
à l'aduenir rien ne l'en peut exempter, *quia diuturnitas temporis*
non minuit peccatum, sed auget, tantoque grauius est, quanto ditiùs in-
fœlicem animam detinet alligatam, cap. quanto de consuetudine, & cap.
non decet.

A la seconde objection, il s'imagine que l'institution poste-
rieure des Chappellains l'en auroit exempté:

——— *Pergin laruas solito consingere cultu?*

Au contraire ç'a esté pour accumuler pieté sur pieté, deuotion
sur deuotion, Messes sur Messes, seruices sur seruices, en vn mot,
ad augmentum cultus diuini ; & de faict par la seconde fondation
du College faite par Messire Milon de Dormans (qui est celle des
Chappellains) le Principal & Procureur sont obligez precisé-
ment d'estre Prestres, & au lieu des Messes quotidiennes doiuent

celebrer chacun deux Meſſes par ſepmaine ſelon ce texte, *Ma-*
giſter & Procurator inſuper, qui ſunt & fuerint pro tempore, ſint in ſa-
cris Presbyteratus ordinibus conſtituti, habileſque ad Miſſarum celebra-
tionem : alioquin infra annum ab inſtitutione ſua computandum, ſe fa-
ciant ad Sacerdotium promoueri, quorum vterque duas Miſſas in capella
dicti collegij, qualibet hebdomada celebrare tenebuntur, ſi Pariſijs fue-
rint : quod ſi eorum alter quamquam omiſerit, alter celebrare faciat ſa-
lario ſuper Burſam omittentis exacto, & aller contre ceſte fondation
(comme dict ſainct Hieroſme) *Durum eſt aduerſus eius vinere vo-*
luntatem, à quo bona omnia habemus. Et puis Maiſtre Iean Grangier recognoiſt luy-meſme vn Arreſt du 21.Ianuier 1555. par lequel Charton Principal fut condamné à ſe promouuoir aux ſainctes ordres de Preſtriſe dans l'an, *aliàs* qu'vn autre ſeroit prouueu
en ſa place : & que par vn reglement aſſez moderne du 4. Septembre 1610. entre autres chefs auroit eſté ordonné que le Principal
ſeroit tenu celebrer le diuin ſeruice, tant és feſtes annuelles que
du Patron & Dedicace ; & le Procureur feroit ſon ſeruice à ſon
eſgard : & en cas d'abſence du Principal, que l'vn des Chappellains celebreroit pour luy : eſt-ce pas donc pour recognoiſtre que
l'inſtitution des Chappellains n'eſt qu'vn ſecours, & non vne exemption pour le Principal & Procureur de prendre l'ordre de
Preſtriſe ?

   Obſcuras video tibi circumferrier vmbras.

 Par la troiſieſme objection Maiſtre Iean Grangier, dict, qu'à
tout le moins il eſt Diacre : mais à quoy bon cela s'il ne va iuſ-
ques au comble? *rem imperfectam relinquere, delinquere eſt* (dict
ſainct Hieroſme) meſmement és choſes diuines qui requierent
toute perfection : auſſi eſt-ce le paracheuement qui donne le
nom à l'œuure. *l. 1. ff. de pollicitat. l. ſi is qui quadringenta. §. vlt.*
ff. ad l. falcidiam, & l. ſtipulatio, §. opus ff. de nom. operis nuntiat.

 A la quatrieſme objection, Maiſtre Iean Grangier dict qu'il a
la veuë fort baſſe, ſi cela eſt,

   Cur in amicorm vitijs tam cernis acutum ?

ſi tant eſt qu'il y ait des vices, & ſans en demeurer d'accord : mais
celuy qui a la veuë baſſe, *merops, vel lucitioſus,* n'eſt pourtant redi-
bitoire par l'Edict des Ædiles : car le texte eſt inutil en cet en-
droict, en la loy *idem Offilius. ff. de Ædilit. Edict.* auſſi Offilius n'allegue que ſon opinion, non qu'elle ait paſſé en droict public.
Tant y a que par le tiltre du premier des Decretales, *de corpore vi-*

tiatis ordinãdis, vel non, la foiblesse de la veuë n'est point nombrée
entre les causes sontiques, pour reietter vn homme du Sacerdoce. Au contraire, il est dict au second chapitre de ceste rubrique, que celuy qui a quelque paille en l'œil, laquelle n'induit pas
grande deformité, peut estre promeu mesme à l'Episcopat, qui
est beaucoup plus que le simple Sacerdoce.

I o i n t qu'és sainctes ceremonies la vraie veuë n'est pas celle
de dehors; *sed interioris hominis,* qui est l'ame: pour ceste cause on
les appelle mysteres, de ce mot Grec μύειν, qui signifie *claudere,*
pource que selon le dire de sainct Denys Areopagite, il faut fer-
mer les yeux des sens corporels aux intellectuels. Vn autre fait
ceste apostrophe à l'ame sur ce subiect.

> *Non decet vt submissa oculos regina caducum*
> *Contemplere solum, maiestatémque requiras*
> *Circa humiles rerum partes, quibus ipsa superstas.*

Q v a n t au Procureur, il allegue vne partie des mesmes
moyens pour se sauuer d'estre contraint de prendre le degré de
prestrise: il adiouste que les choses sacrées ont peu de conformité
auec les seculieres, à la procuration desquelles sa charge est de-
stinée, par la rubrique *clerici si immisceant negotijs secularibus* (oüy)
alienis non vero suis, & qui viennent de leur charge.

P o v r toute authorité sera icy alleguée celle de ce rigide cen-
seur du Clergé de son temps Yuon Euesque de Chartres, en son
Epistre 4. lequel toutesfois ne reiette les Prestres du maniement
des affaires seculieres dependantes de leurs charges : car escri-
uant à l'Abbé de Mairemonstier, vse de ces termes, *quoniã summus
pastor pastoris nomen nos habere voluit, & officium pastorale exercere
præcepit errabundis, & languidis ouibus congruam medicinam proui-*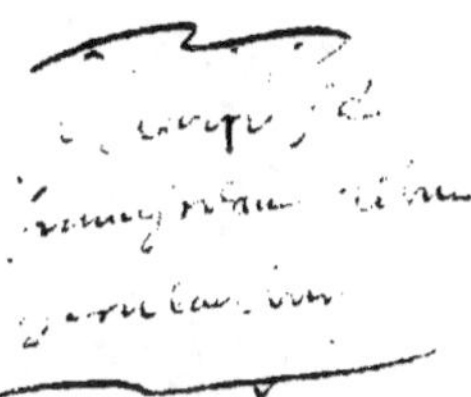
*dere nos conuenit, vt nec importunâ instantiâ aliquam præfocemus, nec
blandiente nobis desidiâ nostrâ, negligẽter aliquam perire permittamus,
ne otium nostrum negotijs secularibus præponamus, quominùs partu-
rienti ecclesiæ debitum ministerium persoluamus: licet enim in amplexus speciosæ Rachel intendat labor militiæ nostræ, spe tamen prolis nume-
riosioris, amplexus Lyæ nobis est tolerandus, quia cùm plus illa videat,
ista plus fructificat: & cùm illi sua visio sit iocundissima, huius actio
multis est necessaria, cum in illa sit penè dilectio Dei, in hac manifesta est
etiam dilectio proximi.*

P a r là donc cessera le pretexte au Procureur de s'esloigner
du Presbyterat, souz couleur du maniement des affaires secu-

lieres du College, *hæc enim sacra non aliter conftant : &* telle auroit
efté la volonté du Fondateur, qui n'ignoroit pas le vray fujet de
la fonction Ecclefiaftique : mais fçauoit qu'en cela l'vne eftoit
compatible auec l'autre : d'autant que c'eftoit pour vacquer
par le Procureur aux affaires de fa charge, non à celles d'autruy :

> *Ceu fibimet fceptra & proprios laturus honores.*

TROISIESME DEMANDE.

ELLE recherche la feureté du reuenu du College dans l'admi-
niftration déreglee du Procureur, & lequel fe rend fort fuf-
pect par la continuation d'icelle, pour fe vouloir rendre aneclo-
gifte en vne charge, en laquelle vn autre *tanquam fuum curaret,
tanquam alieno abftineret*, c'eft à ce qu'il ait à bailler caution : d'autant que le reuenu qu'il manie eft de huict mil liures ou enuiron
par an : à quoy il eft expreffément obligé par ftatuts & reglemens.

A cela il refpond deux poincts : Le premier, Qu'à fa reception ne luy auroit efté demandé caution : à quoy le contraindre
maintenant, *vt det pænitudinis reum ?* Le fecond, Qu'encores
qu'il croye n'auoir donné aucun fujet de méfiance de fon admi-
niftration, toutesfois il offre la donner.

MAIS la repartie eft comme deffus, Qu'en la prouifion & reception tant de luy que du Principal, toutes chofes fe font paf-
fees à l'extraordinaire, & contre les ftatuts :

> *————————quis nefciat vfquam
> Non fponte ad noftros pænum veniffe penates ?*

MAINTENANT que la liberté eft plus grande, on requiert
la reduction au premier eftat : veu que par le droict, fuppofé qu'-
vne caution n'ait efté demandee dés le commencement, neantmoins elle fe peut demander par aprés, pour nouuelle caufe fur-
uenuë : comme icy que le Procureur eft en demeure de compter
depuis trois ans, employant les deniers reftez en commerce de
vin & auoine, tant à fon profit, que de fon frere, beau-frere dudit
Principal, mefmes en la decoration d'vn iardin & logis au faux-
bourg fainct Germain lez Paris, qu'il feft acquis depuis qu'il a eu
le maniement defdits deniers : & pour plufieurs autres caufes
raifonnables, *l. 3. ff. de fideiufforibus*. Ciceron a recogneu cefte iu-

rifprudence en fes Epiſtres *ad Atticum, factus eſt ſponſor de ſoluen-*
do, ſuſpectus enim erat.

SOMME qu'en tel cas on recherche vne caution toute preſente, toute apparente (laquelle Maiſtre Iean Grangier par ſon
liure , page 28. recognoiſt auoir eſté ordonnee par Noſſeigneurs
de Harlay premier Preſident, Courtin,& Faye Conſeillers au
Parlement, intendants dudit College) & qui face toucher de
l'œil la ſeureté. *Aſparagus* (dit Pline) *in ſolo ſponſor eſt, & ſub dio
reditus, & ſuperficies ſolo quocumque gaudens.*

QVATRIESME DEMANDE.

ELLE eſt plus ciuile qu'agreable au Procureur preallegué,
quia tabulam poſcit & calculos : car ſelon que diſoit Alcibiades
à ſon oncle Pericle, Il y en a beaucoup qui cherchent pluſtoſt
à ne point rendre compte, qu'à le rendre : & à telles gents ſelon
Plaute,

> *Penè, vt acheronti heic ratio ſcribitur, ſcribitur*
> *Intrò acceptum , non poteſt ferri foras.*

PAR la chartre de la fondation eſt enioint au Procureur par
termes exprés, de preſenter à la Communauté vn eſtat des rece-
ptes & miſes aux quatre bonnes Feſtes de l'annee, & de rendre
vn compte general deux fois l'an, dedans les octaues de la ſainct
Iean, & de la feſte de la Touſſaincts,ſouz peine de l'amende. Et
eſt porté par le meſme ſtatut, Qu'à la reddition de ce compte
pourroit aſſiſter l'Abbé de ſainct Iean és Vignes,ou ſon Vicaire.

AV preiudice de ce ſtatut, le Procureur eſt en demeure de
rendre compte des deux dernieres annees 1626. 1627.& encores
plus de la preſente. Le Principal qui eſt ſon parent,& ſe veut entretenir en amitié auec luy, ne le preſſe point de ſon deuoir.
Monſieur le Prince Cardinal Abbé de ſainct Iean , & les Chappellains intereſſez veulent ſuppléer à ce defaut, & requierent
ceſte reddition de compte, afin de voir ce qui ſe paſſe audit College du maniement des deniers.

> *——————quid finito computet anno*
> *Sportula quid referat, quantum rationibus addat.*

LE Procureur reſpond qu'il n'empeſche que le Sieur Abbé
ou ſon Vicegerant n'y aſſiſte, & à la cloſture auſſi auec les deux
Intendants. Que quant aux Demandeurs ils ſe trouuent à l'audi-

tion & examē (chofe diftincte de la clofture) & n'empefché qu'ils
y appofent (pour vfer des termes d'iceluy) des paraphes & para-
graphes, pourueu qu'ils appréñnent vn tantinet l'art de l'arithmetique.

M A is il ne parle que de la forme, & non de la matiere. Car il
eft preallable de reparer la faute de n'auoir compté depuis trois
ans, & de ce qu'il retient en fes mains la fomme de douze mil liures, qui par ledit ftatut & reglements doit eftre mife au trefor:
fi ce n'eft que l'on vueille dire auec Ciceron: *Non poffe facilè ratio-*
nem reddi rerum quas quis potius libidine, quam ratione geſſit. Le ftatut veut vn brief eftat aux quatre bonnes Feftes, & vn compte
general deux fois l'an : de mefme qu'à cefte fin dans l'oraifon *pro*
Rofcio Comœdo, tabulas conficientes ne quid omitterent, rationes diur-
nas conficiebant. Et en effect le Procureur a tort d'auoir efté fi long
temps en demeure : eft-ce point pour trouuer fon refuge en ce
traict ?

Conturbabimus omnia, ne ſciamus.

L A fufpicion en eft fort mauuaife, puis qu'il veut reduire les
Demandeurs à eftudier vn peu l'arithmetique, autrement en vn
compte clair, & fidele, elle n'eft tant neceffaire : pource que felon le vray fentiment de Ciceron, *Tabula illæ fidem, & religionem*
exiſtimationis perpetuæ amplectuntur. Et neantmoins, à parler fe-
rieufement par les Demandeurs, fur chofe qu'on femble leur
tourner en rifee, ils oferont dire auec le mefme Orateur Ro-
main : *Boni ratiocinatores fumus, & addendo, deducendoſ, intelligimus*
quæ reliqua fumma fiat, & ex quo quantum cuique debeatur patet.

CINQ, ET SIXIESME DEMANDES.

E L L E s jettent l'œil à recueillir les membres d'Abfyrte, & à ce
que les tiltres, papiers, & enfeignemens, comptes, compte-
reaux, & autres telles pieces inftructiues des droicts du College,
foient remifes entieres au trefor, de peur de plus grande diffipa-
tion, & qu'elles foient tenuës plus authentiques, eftans *in archi-*
uo, felon qu'il eft ordonné par l'authentique *de confulibus,* l'authentique *ad hæc. C. de fide inftrument.* Cét archif eft appellé *Ga-*
zophylacium, en la loy *mores. §. folet. ff. de pœnis.* Tertullian l'appelle *Archeium,* & Marcoul en fes Formules *Arcibum,* changeant à
l'antique V, en B : Et la raifon de la demande pour remettre les
tiltres

tiltres & papiers dans les Archiues, est tiré des termes du statut
de la fondation.

Les Principal & Procureur respondent, Que c'est le premier
& externe deuoir qu'ils ont rendu au College depuis qu'ils sont
entrez l'vn & l'autre en leurs charges: d'autant que les tiltres,
papiers, & enseignemens estans esgarez çà & là, & mesmes vne
grande partie retenuë par vn Procureur du Chastellet, faute de
luy auoir payé ses salaires, frais & vaccatiõs, ils ont trouué moyen
de le payer & satisfaire, & retirer tout ce qu'il auoit, & des autres
à l'equipollent, pour resserrer *in gymnasij tabulario*: à quoy donc
ceste demande, *vt actum agatur.*

Mais les Demandeurs respondent que les tiltres & papiers
estoient en plus grande seureté & en meilleur ordre auant la venuë au College des Principal & Procureur qu'ils ne sont à present, & que si lesdits Principal & Procureur ont retiré quelques
papiers & enseignemens, ce n'a tant esté pour en aider les autres
Officiers du College, que pour empescher qu'ils ne s'en peussent
preualoir contre eux, ayans introduit dans le cartulaire vn homme à eux allié & compatriote, par lequel les tiltres, fondations &
enseignements ont esté portez chez ledit le Gentil Procureur,
souz pretexte de les inuentorier en ordre, & aucunes fondations
& autres pieces importātes par ce moyen ont esté diuerties à des-
sein de frustrer les Chappellains de la cognoissance d'icelles: encores que telles chartres *propter notitiæ causam*, comme parle la
loy, doiuent estre communes, patentes, & non cachees, *l. nulli,*
C. de numerariis , l. bonorum, l. ne procuratores. ff. de iure fisci, & l. 1.
C. de periculo tutor.

C'est pourquoy les Chappellains demandent qu'inuētaire en
soit fait, paracheué, & recollé, en leur preséce, ensemble des an-
ciés registres, baulx à ferme, comptes & cõptereaux, & que celuy
qui en tirera desormais, y laitra son recepissé pour obligation de
rapport, qu'il y aura trois clefs à l'ordinaire, l'vne pour le Principal, l'autre pour le Procureur, & l'autre selõ l'obseruāce ordinaire
pour iceux Chappellains. Ils adioustent que les Principal & Procureur se doiuent purger par serment de n'en rien retenir, ny d'a-
uoir delaissé de posseder par fraude, selon qu'il est porté par le reglement fait par Nosseigneurs de Harlay premier President,
Courtin, & Faye, Conseillers Commissaires, du 4. Septemb. 1610.

La confection de l'inuentaire estant fondee sur le droict ordi-

D

naire, & sur le Canon *Charitatem 12. quæst. 2.* estant d'ailleurs tres-
vtile, que les comptes y soient mis auec les autres enseignemens:
De mesme que selon Suetone, *rationes imperÿ publicari solitas, sed
à Tiberio intermissas, C. Cæsar publicauit:* voire que par l'ancienne loy *Iulia, relinquere rationes in prouincia necesse erat, easdemque
totidem verbis refertas, ad ærarium :* la garde des trois clefs desi-
gnees par la fondation, est pour plus grande seureté, & d'ailleurs
selon Suidas, *compositionem morum significat.*

A l'egard de ces deux poincts, les Principal & Procureur sem-
blent ne vouloir se roidir *aduersus stimulum:* mais quand on demande qu'ils se purgent par serment, que par dol & fraude, &c.
ils prennent cela au poinct d'honneur, & veulent faire des Xeno-
crates, *vt eis iniuratis credatur.*

Mais à cela on leur respond, que c'est le remede du droict
cõmun authorisé par S. Paul mesmes en l'Epistre aux Hebrieux :
& qu'en outre au dire du Iuriscõsulte, tout Payen qu'il fust, *manifesta turpitudinis est, nolle iurare, vel iusiurandum non referre :* & quiconque ne sent rien sur sa conscience qui le puisse remordre, il
ose dire hardiment auec le Poëte,

Tango aras, mediósque ignes, & sidera testor.

SEPTIESME DEMANDE.

SI l'isonomie ou égalité de droict est le plus beau nóm de tous,
à l'aduis d'Euripide, cet article doit sembler fort specieux &
plausible, en ce que par iceluy est demandé que les gages tant du
Principal, Souz-maistre, Procureur, Chappellains, que petits
Boursiers & Clercs de Chappelle seront reglez & proportionnez
sur le pied & ordre de la fondation.

Neantmoins les esprits du Principal & Procureur ont esté
diuersement agitez sur ce poinct.

Limus vt hic durescit, & hæc vt cera liquescit.

De prime face ils l'ont conuerty en la haine des Chappellains,
& auroient dict que le motif de tout ce procés ne regarde que le
profit de leurs bourses, non celuy du College : par apres ils ont
fait mine de le prendre à leur aduantage, à cause qu'ils preten-
dent auoir le double des Chapellains: tellement que si la part d'i-
ceux est augmentée, celle des autres doublera son surcroist à ce
compte :

Quàm temere in nosmet legem sancimus iniquam.

SOVDAIN le reuers leur a fait tourner le voile ailleurs, & que c'est attenter sur l'authorité de Nosseigneurs les Intendants, qui dés pieça ont reiglé les parts de chacun par bon nombre d'Arrests: ils adioustent pour la fin que les Chapellains se sont rendus si determinez à obtenir ce poinct, qu'ils ont fait vne synomosie, & adiuration de ne s'en point departir, voire souz peine tres-lourde contre celuy qui y endroit à faulser compagnie.

TANT de bigarreures sur vne simple demande d'esgalité, *tot pernicies, quot & species, tot dolores, quot & colores,* disoit Tertullian, *& tamen vnus omnium violentæ gestus.*

LES Chappellains donc proposent pour l'augmentation de leurs gages, qui est desia recogneuë par la chartre de l'amortissement de l'an 1380 que la dotation des Officiers & Supposts du College n'estoit pas suffisante, en ces mots, *Certis reditibus non tamen sufficientibus pro sustentatione Collegy Magistrorum, & Scholarium prædictorum.* En aprés il est dit que Dame Ieanne de Dormans auroit fondé vn Chappellain, & laissé vne grande somme pour melioration du seruice diuin, & augmentation des bourses du Maistre, Souz-maistre, Procureur & Chappellains: iaçoit que ledit Grangier ait obmis malicieusement les Chappellains en son Liure, au recit qu'il fait de la fondation de ladite Dame, laquelle portée de pieté enuers la memoire de ses majeurs, auroit secondé par vne augmentation leurs sainctes intétions, afin d'entretenir leurs fondations de Bourses alimentaires, ainsi qu'il est ordinaire aux Grands: de mesme qu'au rapport de Spartian, *Pueris ac puellis quibus Traianus alimenta decreuerat, liberalitates suppleuit Adrianus.* Et selon le tesmoignage de Capitolin, *Antoninus pius puellas alimentarias Faustinianas, in honorem coniugis Faustinæ instituit.* Aussi l'Empereur Alexandre Seuere, en l'honneur de sa mere Mammée, *pueros Mammæanos, & puellas Mammæanas instituit salaria præceptoribus, & pueris annonas dedit.*

MAIS depuis leurs fondations les choses s'estants de beaucoup encheries, il auroit fallu selon les temps y apporter diuers reglemens & remedes: comme estant vray ce qu'escrit Pline au 33. de son Histoire Naturelle, *pretia rerum quæ vsquam posuimus, non ignoramus alia in alijs locis esse, & omnibus penè annis mutari, prout nauigationes constiterint, aut vt quisque mercatus sit, aut aliquis prævalens manceps annonam flagellarit:* ce qui reuient à peu prés au texte de la loy, *prætia rerum, ff. ad l. falcidiam.*

A I N S I l'an 1560. le 23. iour de Mars, les seigneurs intendants le Maistre premier President, Charles de Dormans, Côseiller en Parlement, & Basin Abbé de S. Iean és Vignes sur la requeste & remôstrance à eux faicte, *Pour l'augmêtation des Bourses, & pensiôs,* ordônerent par prouisiô vingt-six liures tournois par chacun an aux petits Boursiers. Au Religieux de S. Iean és Vignes trentedeux liures dix sols. Au Maistre & Principal quarante-cinq liures dix sols. Au Souz-maistre vingt-neuf liures cinq sols. Au Procureur trente-quatre liures six sols trois deniers. Aux Chappellains quarante-cinq liures, sans en ce comprendre les fondations des Obits & autres droicts.

D v depuis il y a eu selon le changement de temps, d'autres augmentations; & pour oster toute diuersité & preuarication au reglement des gages & pensions de tous les Officiers & Boursiers du College, a esté formé l'article de demande precise, à ce qu'il soit dict que tous lesdits gages & pensions seront payez, & distribuez à chacun d'iceux, sur le pied des fondations, & augmentation du reunu du College, afin qu'ils soient tous satisfaits au desir de l'intention des Fondateurs, & non autrement, *ad libitum,* des Principal & Procureur, intelligens & colludans *in necem* des autres Officiers.

Q v a n t à ce que l'on dict qu'il y a eu des reglements prouisoires aduantageux au Principal, les Demandeurs respondent qu'il faut distinguer les temps, car depuis le iour des fondations iusques aux dernieres années, il est iustifié par les comptes du College renduz depuis deux cens ans, & tous conformes, que les Chappellains n'estoiét inferieurs en gages audit Principal: mais pour oster toute diuision ou difficulté, ils consentent que les gages soient payez à tous les Officiers, tant au Principal, Souz-maistre, Procureur, Chappellains, grands & petits Boursiers, suiuant & au desir des fondations.

L'on ne doit s'arrester ausdits reglemens prouisoires, ausquels il y a eu opposition formée par lesdits Chappellains, fondée sur ce que lesdits pretêdus reglemens prouisoires n'auoient esté requis que par deux ou trois personnes seulement, qui sont les Principal, Souz-maistre & Procureur, & sans y appeller lesdits Chappellains opposans & contredisants, lesquels, par iceux reglemens donnez sans cognoissance de cause, n'ont esté couchez és gages

que iusques à la somme de deux cens liures de reuenu par an : *at
quid hæc inter tantos*, & parmy vne cherté, disette, & necessité si ex-
cessiue, & parmy vn si grand fardeau qu'ils supportent du seruice
diuin, celebrans tous les iours Matines, Messes, & toutes les
Heures canonialles?

C'est dix sols par iour à despendre. Et si l'vn d'iceux tombe
malade (comme souuent il arriue) faut qu'il baille ceste somme à
celuy qui chantera la Messe pour luy, & neantmoins le reuenu
ordinaire du College est de huict mil liures de rête & plus: quelle inegalité d'vne si petite somme pour ceux qui desseruent le
Sanctuaire, & supportent le plus pesant faix de tout le College,
& que ceux qui ne s'assubiectissent à ces offices soient plus ad-
uantagez en gages? en ce cas faut que la pension soit augmentee
au *prorata* tant du labeur que reuenu, *cap. extirpanda. §. vlt. de præbend. cap. cum in ferrariensis , e. de constitut. & cap. de rectoribus e. de
clerico ægrotante.*

Avssi est-il raisonnable, selon Aristote au second & cinquies-
me de ses Ethiques, que par proportion geometrique chacun
soit reglé au pied de son labeur, & portee du reuenu : l'equité
doit dominer, & la discretion preualoir en cela : afin que, comme
disoit *Nænius in Danaë, Prout quisque est meritus præmium pro factis
ferat.*

Et entre les anciens Palladins de Grece, ceste égalité estoit
tellement recommandee, que leurs parts mesmes au boire & au
manger estoient appellees *æquales.*

L'on entend vn frere dire à son confrere, dans les declamations de Quintilian, *Cur tu locuples, ego nudus, ego egenus, & tamen
vnus idemque nobis pater?* Et de vray selon sainct Basile en son ho-
milie, ceux qui ont eu mesme principe de vie, doiuent iustement
auoir mesmes moyens de viure.

Le pere commun des parties est leur Fondateur, & ceux de
sa famille, quelle apparence que Maistre Iean Grangier Principal, & Gabriel le Gentil Procureur, à present regorgent en ce
dont les autres ont defaut? qui en leur arriuee au College ont em-
prunté cinq ou six mil liures, & maintenant on ne leur voit que
meubles precieux, tapisseries, vaisselles d'argent, carosse, pretoires en ville, pretoires aux champs, auec des conditions Attali-
ques, & magnificences Luculliennes; ledit Grangier estant venu
au College *cum sorore bonæ mentis*, qui est l'aporie scholastique:

quant à Gentil Procureur, sera dit de luy,

Nuper in hanc vrbem pedibus qui venerat albis.

Et qu'à l'opposite l'on voit les Chappellains leurs côfreres n'a-
uoir pas leur viure & veftier entier, *horreant in pruinofis pannis,* &
que cependant ils supportent iour & noict la fatigue de la plus
fauorable charge, qui eft du feruice diuin, premiere & principale
intention des Fondateurs: quelle pitié en vne fi grande pauureté
& penurie de fiecle, que des perfonnes Ecclefiaftiques foient re-
duits fains & malades à dix fols par iour? de mefmes que les fol-
dats Romains reprochoient autrefois dans Tacite, *denis in diem*
affibus animam & corpus fuum aftimari.

Dans le mefme Tacite Agrippine fit pareillement reproche
à Seneque de fes grandes richeffes en la ville, & aux champs, de
fes palais superbement baftis, de tant de poffeffions fournies, non
pas de toutes chofes neceffaires, mais de luxe & fuperfluité, tant
de ftatuës de Corinthe, & tableaux fi exquis : & luy demanda fi
c'eftoient là les effects *profefforiæ linguæ.*

Les Chappellains demandeurs ne voudroient pas faire femblable querimonie audit Grangier, ne luy porter enuie de ce que
fes eftudes luy ont peu acquerir, feulement ils defireroient qu'il
recognenft auec le mefme Seneque, *Nihil fœlicitati fuæ deeffe præ-*
ter moderationem.

Car l'excez de fon opulence l'auroit porté à les raualler par
toutes fortes de mefpris, & menaces de les ranger à l'aduenir, &
les traicter auec toute forte de rigueur : & de dire qu'à leur regard le College *laborat in afino & boue,* contro la loy Mafaïque.
A quoy ils ont à refpondre, que c'eft à leur grand regret, puis que
le bœuf chez les Grecs fignifie toufiours le vray citoyen, comme
l'afne fignifie l'eftranger, & que fils reprefentent le bœuf, c'eft
tout d'vne autre façon que n'entend ledit Grangier, fupportans
le trauail du feruice diuin, auquel ils font continuellement atta-
chez, *aratrum inuerfum collo trahentes languido.* Il eft vray, bien qu'à
contre-cœur, qu'auiourd'huy ils voyent les afnes & les eftrangers
accouplez auec eux feuz mefme joug, defquels ils ne reçoiuent
qu'iniures, mefdifances, & inuectiues continuelles. Mais que
peuuent-ils efperer autre chofe, puis que les Egyptiens enfeignét
que l'afne eft le hyeroglyphique de l'impudence, de laquelle ils
n'ont efté que trop long temps greuez.

Il n'y a point d'apparence, puis qu'ils ne combattent que

pour euiter leur perte, & ſecourir à leur extreme neceſſité, non de capter vn profit indeub, de leur reprocher qu'ils ont fait accord, voire ſouz clauſe penale, de ne s'abandonner, ny fauſſer compagnie en ſi iuſte pourſuite : car ce n'eſt pas vne adiuration Phocaïque, ains vne ſimple Epimachie, ſelon Suidas, quand on ſe reduit aux termes de la ſimple defenſiue, & la deffenſe eſt du droict de nature : qu'ainſi ſoit, pardeuers nos vieux Gaulois, *abijcere clypeum capitale erat.*

En fin, c'eſt choſe qu'ils laiſſeront largement en la conſcience de Noſſeigneurs les Intendants, d'examiner ſi maintenant que le College eſt acquitté de toutes les charges, & net de toutes debtes, les Chappellains auroient pas pris le temps bien opportun, de demander le ſoulagement de leur diſette & incommodité, en augmentant leurs gages au pied du ſtatut & reuenu du College. Et croyent que tout bien conſideré par la Cour, ſon equité les obligera de luy dire auec action de graces ce vers de Sidonius,

Concordans lances, partes, dum pondera noſtra, ſuſcipis, æquaſti.

HVICTIESME DEMANDE.

En cores qu'elle ne ſoit point *ad gratiam* des parties aduerſes, ſi eſt-ce qu'elle doit eſtre agreable à tous autres : car elle tend à ce que les receptions des Officiers, Chappellains, Souzmaiſtre & Procureur ſe facent deſormais dans la Chappelle à l'iſſuë de la grande Meſſe ou aſſemblée, qui ſe fera à ſon de cloche.

Bien aduiſé, puis que les Lacedemoniens rigides cenſeurs de la diſcipline publique, ne vouloient qu'aucun fuſt receu en vne compagnie que du bon gré d'icelle : Voire nous remarquons vn traict bien excellent dans Lampride, de l'Empereur Alexandre Seuere, *ſi quos nominaret rectores prouinciarum, eos omnibus exponebat, ſi qui accuſare vellent, dicens id facere Iudæos & Chriſtianos in prædicandis ſuis Sacerdotibus neſas itaque imperatorem id non facere.*

Par les termes duquel Payen nous apprenons en paſſant l'ancienne façon de l'Egliſe, d'expoſer en public au premier venant ceux que l'on vouloit promouuoir aux ſainctes Prelatures. Et cela eſt-il pas beaucoup plus ſeant, plus hôneſte & plus vtile, que de receuoit des officiers, *ſub tunica & ſinu*, côme parloit Tertullian ? & qui peut mieux conuoquer l'aſſemblée que la cloche ? & peut-eſtre qu'à cét eſgard elle eſt appellée par Froiſſard la Bancloche, à cauſe qu'en vieil François Ban, ſignifie publication.

Lᴇs Defendeurs font mine de demeurer d'accord de ceſt
article, & neantmoins à leur mode auec impropre, diſants que
Maiſtre Eloy Dargonne Chappellain n'euſt eſté receu ſi l'on euſt
gardé ceſte formalité, à cauſe que ſon chant n'eſclatte pas aſſez:
mais le ſeruice diuin n'a manqué d'eſtre deuëment celebré à ſon
égard, & n'eſt beſoin le faire aller *vſque ad ſoliſtimum tripudium:*
Dauantage, les Beneficialiſtes Italiés les refuteront ſur ce poinct,
quia Gallus eſt, ergo cantat.

NEVFIESME DEMANDE.

Fræna Pelethronÿ Lapithæ gyroſque dedere.

Eᴛ c'eſt ce que l'on veut faire icy, ſçauoir refrener les Defendeurs, ou les empéſcher d'entreprendre ce qui ne leur appartient pas, & les reduire à faire ce qu'ils deiuent, & qu'ils ne font
pas : à ce que defences leur ſoient faites de ne prendre aucune cognoiſſance de cauſe de la prouiſion & inſtitution des officiers & Bourſiers, & ne pourra le Principal proceder à la deſtitution d'iceux, ne inſtitution d'autres en leurs lieux à peine de
nullité, deſpens, dommages & intereſts, & de telle autre peine
qu'il plaira à la Cour d'arbitrer.

Lᴀ Iuſtice meſme reclame pour ceſte demande, attendu que
les Defendeurs non plus que les Chappellains ne ſont que ſub-
alternes à Noſſeigneurs les Intendants, & n'ont que la ſimple execution de leurs mandemens, *& miſſio in poſſeſſionem dicitur res
meri facti :* & ne requiert aucune cognoiſſance de cauſe, *cap.
cùm veniſſent, tit. de eo qui mittitur in poſſeſſ. & l. Conſilio, ff. de curat.
furioſi verſic. poſſeſſio eſt magis facti quàm iuris :* & ceſte cognoiſſáce
de cauſe a eſté meſme defenduë aux Chapitres de France par infinis Arreſts.

D'ᴀɪʟʟᴇᴠʀs, l'inſtitution appartenant aux meſmes Sieurs
intendants, au reciproque à eux ſeuls appartient la deſtitution,
tant par le ſtatut de la fondation du College, qu'autres reglements des penultieſme Decembre 1425. & 13. Decembre 1571.
qui portent ces mots, *Expellantur per iudicium & ordinationem viſi-
tatorum,* au regard des petits Bourſiers : & en ce qui touche les
grands Bourſiers, la deſtitution appartient au Sieur Abbé con-
iointement auec Meſſieurs les Commiſſaires, ſuiuant l'arreſt du
xviij. May 1389. Ce qui eſt meſme confirmé par le droict ciuil

uil, *& canon. DD. l.legatus Cæsaris,& l.solent.ff.de offic. Præsidis, & cap. cum accessissent de constitut. & cap. cum ex iniuncto. §. vlt. tit. de hæreticis.*

ENCORES faudroit il que ceste destitution se fist auec grande cognoissance, suiuant le chapitre *cum ab homine de iudiciis*, & le chapitre *sepè de appell.at in 6.* La raison en est renduë fort elegante par le venerable Saluian, *Quia in institutione beneficium, in destitutione iudicium :* c'est vn benefice que d'instituer, c'est vne ignominie que de destituer, *l. 3.ff.de hiu qui notantur infamis.*

AVSSI suiuant le rapport d'Iamblique, quand les Pythagoriciens degradoient ou deiectoient quelqu'vn de leur eschole, ils souloiét eriger vn tombeau au milieu d'icelle, comme pour marque de leur mort temporelle : & toutesfois ne venoient à ceste extremité si lugubre, qu'aprés auoir essayé ce que nous pourrions appeller redressement, ou amendement volontaire, de mesmes que l'Empereur Auguste, *Quosdam ad excusandi sui verecundiam compellebat.* Et l'Empereur Vespasian, *Mucianum taxauit in occulto, & addidit homo tamen sum.*

DAVANTAGE, sur ce poinct doit estre exaggeré l'attentat fait sur le sieur Abbé Patron par le Principal, en ce qu'il veut que l'on prenne certificat de luy, que les presentez par ledit Sieur Abbé sont de l'extraction & origine requise : car où est cela, dans quelle chartre, dans quel statut ? Le Fondateur qui sest fié en la preud'homme du Patron par luy esleu, auroit donné ceste presomption pour luy, qu'il ne feroit rien, & ne presenteroit aucun que suiuant le statut, en execution duquel a esté fait le concordat omologué par arrest dudit iour 18. May 1389. & confirmé en Cour de Rome, & par le Roy en son Conseil, par arrest du 13. Septembre 1389. par lesquels est declaré qu'au Sieur Abbé de sainct Iean, ou son Vicaire, appartient la presentation, & à Messieurs de la Cour la collation, & ce du consentement du Sieur Abbé, qui auoit les deux droicts de presentation & prouision auparauant ledit concordat. A quoy fait la loy *merito ff.pro socio. l. nemini C.de aduocatis diuers. indiciorum, & l. 1. C. de cohortalibus.*

IL y a neantmoins apparence que cét attentat soit venu de ce qu'il auroit esté vn temps que l'on prenoit vn certificat du Principal, qu'il y auoit vne bourse vaccante, afin que contre la prohibition du Concile de Lateran, au chapitre *de testanda.tit.de concessione præbendæ,* nul ne fust proueu de la bourse d'vne personne viuante, ou pour obuier à la transgression de la regle *de verisimili notitia.*

MAIS ceste vsance qui auoit quelque apparence de raison auroit esté sinistrement conuertie en vn certificat de l'extraction du presenté, qui est en effect vn contrerolle du Patron, ou pour s'esgaler auec luy, ou pour rendre ses actes illusoires: chose totalement iniuste, & insupportable : car entre la presentation du Patron, & prouision de la Cour faite sur icelle, le Principal leur inferieur n'y a que voir, *vt quid enim se inserat inter sacrum saxum?*

A cela est respondu par Maistre Iean Grangier, qu'il ne prend autre cognoissance de cause que celle qui luy est donnée par les statuts & reglemens, & que ce qu'il prend cognoissance des Bourses, c'est pour éuiter aux ventes, resignations & autres moyens indirects.

A l'opposite Monsieur l'Abbé de sainct Iean és Vignes insiste que ny par les statuts ny aucuns reglemens ne luy est donné cognoissance des prouisions des Bourses, & moins de la destitution qui depend de iurisdiction contentieuse, laquelle ne luy appartient point, ny à aucun de ses collegues, directement ne indirectement, & dauantage se plaint de la nouuelle entreprise & attentat dudit Grangier Principal, qui depuis quelque temps sous pretexte d'vn certificat inutil & superflu arreste l'execution & prise de possession, tant sur la presentation dudit sieur Abbé, que sur les prouisions de la Cour, si au prealable il n'a esté gratifié & recognu: & ce au preiudice du concordat confirmé par lad. Cour, qui veut que la destitution des Boursiers & officiers n'appartiennent qu'aux sieurs Abbé & Commissaires, ioinct qu'il ne seroit raisonnable d'admettre les institutions ou destitutions *ad nutum,* d'vn simple officier, qui ont esté reprouuez par infinis Arrests, attendu que ce mot de faculté *ad nutum,* ne s'entend pas d'vne insolence volage, ains d'vne volonté discrette & reglée par les loix *l. cùm quidam, ff. de legat. 2. & l. Thais. § vol off. de fideicommiss. libertat.* Neantmoins ledit Grangier en ayant abusé cy-deuant, & chassé trois ou quatre Boursiers depuis peu, a donné suiet au present reglement : & si cét abus auoit lieu, *non esset plenitudo potestatis, sed tempestatis :* & pour ceste cause jadis à Rome C. Terentius Arsa, Tribun du peuple, eut vn bon sentiment quand il fit vne loy, *vt quinque viri crearentur legibus de imperio consulari scribendis, nec ipsi libidinem suam pro legibus haberent.*

Eᴛ pour le regard de ce que Maiſtre Iean Grangier a voulu dire qu'il prend ceſte cognoiſſance pour éuiter à choſes illicites, outre que ce n'eſt qu'vn pretexte, Noſſeigneurs les Intendants y ſemblent eſtre offencez, car c'eſt au ſieur Abbé de ſainct Iean és Vignes Patron, d'aduiſer à ceux qu'il preſente, & à la Cour ceux qu'elle pouruoit & inſtituë. Apres qu'ils y ont penſé & paſſé, la main Maiſtre Iean Grangier y peut-il rien trouuer ? *vbi ponas a-ſerbum,*

Tranſuerſo calamo ſignum.

DIXIESME DEMANDE.

Cᴀᴠᴇ *Canem,* c'eſtoit la deuiſe eſcrite à toutes les portes de Rome, ſi nous croyons Varron. Icy les Chappellains demandent que le Portier ſoit entretenu par le Principal, & payé de ſes gages, comme iceluy Principal eſt tenu, & ce à la deſcharge de la Cõmunauté, par accord fait & recogneu par ledit Grangier en ſon Liure, page 50. Et qu'il ſoit tenu reſtituer ce qu'il pourroit en auoir fait payer indeuément par le paſſé.

Lᴀ repartie de Maiſtre Iean Grangier eſt que cela auroit eſté ja iugé le 4. Mars 1616. & 24. Feurier 1627. & que par iceux il n'eſt chargé deſdits gages, ſinon pour la ſomme de ſeize ſols par ſepmaine au Portier ; & ce moyennant deux ſols par mois qu'il doit receuoir de chaque Galoche, qu'il appelle par riſée du mot de Martinet, & trente ſols en outre que le College doit fournir audit Portier par ſepmaine, & qu'il n'eſt raiſonnable qu'il fuſt ſurchargé deſdits trente ſols.

Mᴀɪs les Demandeurs repliquent que par ledit accord & contract paſſé auec ledit Grangier & les autres Officiers & membres de la Communauté le 26. Auril 1616. luy ont eſté quittez & accordez pluſieurs loyers, profits & eſmoluments, à la charge & condition qu'il doit fournir aux gages du Portier, Regents, & d'autres fonctions concernants l'exercice : partant puis que ledit Grangier y eſt tenu & obligé à ſes frais entierement, & qu'il perçoit meſme ſomme plus que ſuffiſante, ledit College ne peut ny doit eſtre greué de ces trente-ſols : car la loy deffend le double grief, & la double ſurcharge, *l. vnica C. ne quid oneri publicò imponatur* ; & que s'il y a quelque ordonnance côtraire elle eſt obtenuë par ſurpriſe & ſouz faux expoſé donné par ledit Grangier.

QVANT à ce qu'il adiouſte que c'eſt pluſtoſt pour les Chappellains que pour autres qu'il faut vn Portier, afin qu'ils n'intro-
duiſent des gents de neant, c'eſt pluſtoſt pour penſer donner lu-
ſtre à ſa cauſe, que ſelon la verité, d'autant que les Chappellains
ſont gens Eccleſiaſtiques & de conuerſation loüable, & qui pour
receuoir quelquesfois leurs amis ne doiuent eſtre redarguez de
rien faire contre les bonnes mœurs, ny contre l'honneſteté publique:

Si veſpertinus ſubito te oppreſſerit hoſpes,
luy fermerez-vous la porte?

IL eſt conſtant que ledit Grangier par ſon Liure accuſe vn
Eſchollier commis à la charge du plus ancien Chappellain de
pluſieurs faicts calomnieux, croyant en cela diminuer l'honneur
& reputation des Chappellains : ſur quoy, pour repartir ſera icy
remarqué s'il ſe trouue quelques informations côtre cét Eſchollier, lequel n'a commis aucun des faicts à luy impoſez, elles ont
eſté faites par haine & vindicte, à la depoſition de teſmoings pra-
ctiquez & ſollicitez : la pourſuite deſquelles ledit Grangier a de-
laiſſé & abandonné, pour crainte de ſuccomber à la reparation,
dommages & intereſts d'vne fauſſe accuſation, telle qu'eſt celle
dont il ſe veult preualoir.

AV ſurplus des pretentions dudit Grangier, tant pour la ſur-
intendance imaginaire, que pour la iuriſdiction Rectorale qu'il
veut vſurper, & de nouueau ſ'attribuer, toutes ces qualitez luy
ſont deſniées, comme impreſſions d'vn eſprit bleſſé d'ambition,
veu meſme que ceſte authorité & tiltres de grand Maiſtre, Re-
cteur ou Diſpoſiteur de la maiſon n'appartiennent qu'aux Seigneurs Intendants, Patron Fondateur & Collateurs.

VNZIESME DEMANDE.

LES Demandeurs requierent icy qu'il ſoit baillé vn logis particulier capable de loger vingt-ſix Bourſiers, & ſans que d'oreſ-
nauant le Principal puiſſe tirer aucun profit des Chambres & logis affectez aux Bourſiers.

MAISTRE Iean Grangier, au lieu de defences valables a re-
cours aux iniures allencontre des Chappellains, les accuſant
à tort, ſelon ſa couſtume, de n'auoir aſſiſté leſdits Bourſiers de
ſubſides charitatifs : & quant à luy, qu'il leur auroit fait baſtir vn
petit corps d'hoſtel, & vne autre chambre ſur le jardin.

M A I S au contraire,les Chappellains ont de tout temps assisté les petits Boursirs par le benefice de retraicte gratuite, & à moindre prix qu'il leur auroit esté possible,contre la rigueur des Principaux, & particulierement de Maistre Iean Grangier, qui souz apparence du reuenu qu'il pouuoit tirer de quelques chambres les auroit expullez du logement à eux affecté par la disposition des seigneurs Intendants,pour les releguer en vn petit logis non suffisant & commode, & grandement reculé des Principal & Souz maistre,lesquels par le statut & fondation sont crées pour les instruire & conduire, & non pas leur déniants tout secours & logemens,vacquer aux externes & forains,*ac quæstuariam operam exercere.*

DOVZIESME DEMANDE.

QVELLE penible excuse a celuy qui se purgeoit, *ego neq; cloacham è sepulchro feci,neque arcem ex ara :* elle reuient presque à celle de Maistre Iean Grangier en ce chef de demande : car on requiert contre luy qu'il ayt à faire rapporter dans le iardin du College vne grande pierre creuse, de six ou sept pieds de long, dans laquelle on souloit mettre l'eaue pour arrouser ledit iardin,
—————*Terreret agros cum Sirius ardor.*
& laquelle ledit Grangier de son authorité priuée auroit fait enleuer,pour la mettre en son iardin de Sesure.

LA dessus Maistre Iean Grangier dict qu'il se sent tellement offencé de ceste demande,qu'il n'a point de responce en bouche, qui est neantmoins vn beaucoup moindre sujet que celuy sur lequel la Royne de Saba,voyant la magnificence de Salomon,*non habuit vltra spiritum.*

EN ce psalme donc il fait parler le Procureur du College pour luy, qui dict que ce n'est pas icy la pierre de touche , ains la pierre de scandale,ou d'achoppement: que c'estoit vne pierre inutile qui ne valloit pas quatre francs, qu'en recompense d'icelle il a baillé vne Chasuble à la Chappelle,& des tableaux de plus grande valeur.

A quoy la repartie sera,que ce n'est ny pierre de touche ny de scandale,c'est *manalis lapis.* Festus dict que c'estoit vne certaine pierre hors la porte Capene, prés le temple de Mars : & quand il faisoit vne trop grãde secheresse on la rouloit en la ville, qu'alors

incontinent il tomboit de la pluie, *eúmq;quod aquæ maneret, lapi-
dam manalem dictum:* c'eſt la pierre qu'on demande.

 Et en danger que les deïtez iardinieres ne s'en vangent ſur
Maiſtre Iean Grangier, d'auoir fruſtré les arbres & les plantes, les
herbes & les fleurs de ce iardin de ce doux arrouſoir, de ce cher
abbreuuoir qui les faiſoit vegeter & reuerdir, ietter boutõs, feuil-
les & fruicts, lors que tout feniſſoit par les trop violentes ſeche-
reſſes de l'Eſté: maintenant tout y eſt en triſteſſe & deſolation:

    Et cornix magnà pluuiam vocat hìc proba voce.

Si ç'euſt eſté ſi peu de choſe, on ne l'euſt fait tranſporter à deux
lieuës, au iardin de Seſure, que l'on taſche d'eſgaller à celuy des
Heſperides, puis que c'eſt le Tiuoly de Maiſtre Iean Grangier,
qui a conceu ce vœu,

    Tybur argæo poſitum colono
    Sit meæ ſedes vtinam ſenecta.

Mars ſoit aïnſi, pourueu qu'il ne l'enrichiſſe point des deſ-
poüilles d'vn autre de plus grande efficace: ſi on vouloit enleuer
ceſte pierre, falloit que cè tuſt du conſentement de tous les Officiers du College. Et quant aux Chaſuble & Tableaux dõt parlæ
ledit Grangier, Gentil ſon beau-frere, Procureur, a compté au
College du prix de ces Tableaux, & luy auroit eſté alloüé: force
donc ſeroit qu'il en rendiſt l'argent, autrement ce feroit chopper
deux fois contre meſme pierre.

TERIZIESME DEMANDE.

A La clameur des Nayades ſe ſont eſueillées les Hamadryades, qui ſe plaignent de ce que le Procureur auroit auſſi fait
arracher pluſieurs arbres fruictiers, & iceux fait enleuer. Le pau-
ure vieillard Silene ſe formaliſe auſſi d'vne treille emportée, qui
rendoit auparauant cinquante ou ſoixante ſeptiers de verjus, &
maintenant on n'en peut pas recueillir le quart: les loix *arbo-*
rum furtim Cæſarum, ſont elles point contre cela? & quelle pitié,

    ——————*malà vires incidere falce nouellas*

Les Payens portoient reuerence aux arbres & aux plantes, attendu que le temps ne les produict, & ne leur donne accroiſſe-
ment que par la longue ſuitte d'années, & s'ils voyoient quelque
bocage touffu, quelque vieil cheſne branchu,

    Credibant illi numen ineſſe loco.

Sz donnoient bien de garde d'y mettre la main, ny la coignée, autrement craignoient vne prompte vengeance, dont les exemples des Poëtes sont notoires: la conclusion est donc de rapporter le tout, ou de reparer le dommage insigne fait au College. Et icy finiront les treize premieres demandes.

———————*claudite Nymphæ*
Dictæa nemorum, læsos hic claudite saltus.

AVTRES SECONDES DEMANDES.

PREMIER CHEF.

TRALATITIVM *poscitur decretum*, à cause que le Principal veut côtre la coustume que le congé d'aller aux champs pour affaires, soit demandé à luy seul; au lieu que par l'ordonnance de l'an 1571. il doit estre demandé à toute la Communauté: Que defenses luy soient faites de saisir, ny mulcter faute de luy auoir demandé ce congé: ains que luy-mesme sera tenu le demander à la Communauté, selon que le porte par exprés le susdit reglement.

CAR toute la Communauté estant interessee à ce congé, & luy estant important de le sçauoir, il luy doit estre demandé, *Quia quod omnes tangit, debet ab omnibus probari & sciri, l. vlt. C. de author. præstanda, & l. in concedendo. §. si autem plures. ff. de aqua & aqua pluuia.*

ET cela obtenu en la forme susdite, n'y a lieu de correction contre le côgedié: au contraire le Principal est luy-mesme d'autant plus astraint à ceste loy, que comme le premier & plus subiect du College, moins luy est libre l'absence d'iceluy, *l. officium. §. 1 ff. de re militari, & l. 1. & 2. C. de commeatu.*

DEVXIESME DEMANDE.

Leues dolores loquuntur, ingentes stupent.

ICY la douleur est grande, *nec stupet, sed loquitur,* & concluent les Demandeurs, à ce que defenses soient faites au Principal de les plus iniurier, outrager ny scandaliser en la Chappelle, ny en classe, ny par tout ailleurs, selon son ordinaire: & mesmement que le Mardy 23. May, il fit arrester les Escholiers en la Chappelle, pour vomir, & par maniere de dire, *obnugulari* en leur presence contre les Chappellains, *quicquid suggessit splendida bilis*.

CESTE contumelie est doublement atroce, & en ce qu'elle tend à violer les statuts & reglements, par lesquels est enioint au Principal de faire respecter les Chappellains par les Maistres & Escholiers: l'autre, qu'elle s'addresse à gents Ecclesiastiques, portans le charactere de Sacerdoce, & qui attirent à soy toute veneration, *l. atrocem C. de iniuriis*. Et sans doute c'est vn droict des gents, qui auroit fait dire à Plaute le Comique *in rudente*,

> *Quis homo est tanta confidentia,*
> *Qui Sacerdotem audeat violare?*
> *Ædepol homo infortunio damnabilis.*

TROISIESME DEMANDE.

ELLE tend à ce que les Principal & Procureur soient tenus de diminuer sur leurs gages, le salaire de deux Messes; que chacun d'eux a obmis de faire dire par sepmaine, depuis leurs prouisions, suiuant les statuts. Comme aussi que ledit Procureur soit condamné à l'amende, par priuation de ses gages, à faute d'auoir rendu ses comptes depuis trois ans.

CAR quant au premier poinct, ils en ont deub suiuant leurs charges, ou celebrer, ou faire celebrer: sinon en doiuent rendre l'argent, *Nimirum tanquam pretium, vel mercedem*, non qu'vn si venerable Sacrement puisse tomber en estimation, *cap. significat. & ibi glossa tit. de præbend.*

ET au regard de la mulcte faute d'auoir rendu les comptes en temps & lieu suiuant le statut, elle est portee par ledit statut, & est ordinaire, *Quia iniquum est rationes protrahere, l. non solum. §. sed etsi ff. de ritu nuptiarum*: & pour ceste cause en outre sont deubs despens, dommages & interests, *l.1.§ 1.ff.de vsuris. l. tutor §.vlt.ff. de administrat. & peric. tutor.*

PAR les anciennes loix de la Grece, le comptable ne pouuoit estre receu à aucun Magistrat. *Cicero in oratore*, rapporte ceste loy des Atheniens: & par le droict du Code, nul ne peut estre promeu à l'ordre de clericature, qu'il n'ait au preallable rendu, appuré, & fait rendre ses comptes, *l. Officiales C. de Episcopis & clericis.*

QVA-

QVÀTRIESME DEMANDE.

EMOLVMENTA *deeſſe laborantibus non oportet*, diſoit Caſſiodore au Roy Theodoric : Et pour ceſte cauſe les Chappellains requierent icy qu'outre leurs gages ils ſoient payez des Meſſes votiues fondees par pluſieurs perſonnes particulieres, comme
il eſt porté au reglement de l'an 1610. par lequel il eſt dit qu'en
monſtrant par les anciens comptes qu'elles ont eſté payees outre
les gages, que deſormais payement en ſera fait.

O R il paroiſt par les ſtatuts qu'iceux Chapellains ont touſiours
eu bourſe ordinaire pour le ſeruice diuin, & vne autre bourſe extraordinaire pour la celebration d'icelles Meſſes, ce qui meſme
ſe iuſtifie par les anciens comptes : Auſſi eſt-il certain en droict
que la preſtation de pluſieurs annees induit obligation, *l. cum
de in rem verſo ff. de vſuris* : & la diuerſité des obligations auroit
introduit diſtinction de bourſes, *quia quot res, tot obligationes, l.
ſcire debemus ff. de verborum obligat.* Et au meſme ſens notable-
ment Pline en ſon hiſtoire Naturelle : *Quot genera inſita fuerunt,
tot fulgura vno ictu pronuntiantur.*

CINQVIESME DEMANDE.

ABSIT *emanſor* : afin que l'on rende ſeruice aſſidu, les Chappellains demandent icy que quand quelqu'vn d'eux d'aduen-
ture s'abſentera pour donner ordre à ſes propres affaires, durant
deux mois à pluſieurs fois par an, qu'il receura entierement ſes
gages : & au cas qu'il ſeiourne outre le temps ſuſdit, que les gages
de l'abſent ſeront conuertis & appliquez au profit des Chappellains preſents, les Meſſes prealablement déduites & recompen-
ſées.

I VSTE demande, & fondée ſur deux poincts de Droict : le premier, que celuy qui s'abſente auec congé *ſiue obtento commeatu*,
pour affaires neceſſaires, *habetur pro praeſente* : & gaigne comme
preſent, *l. miles commeatu, ff. ex quibus cauſis maiores, & l. teſtamento,
ff. de alimentis legatis* : l'autre poinct eſt, que celuy qui abuſe du
congé & excede le temps d'iceluy, il en perd le profit, *l. tempus ff. de
vacat. munerum* : & ſa part defaillante accroiſt aux autres preſents.

E

qui ont fait le feruice, *cap. fufcepti tit. ne fedè vacante, in extrauag.*
& en ce cas fe pratique ce que dict le poëte Properfe.
Abfenti nemo non nocuiffe velit.

SIXIESME DEMANDE.

PLVS *vident oculi quam oculus* : iuftement les demandeurs requierent icy, que deffences foient faites au Procureur d'entreprendre aucuns ouurages ny baftimens, faire aucuns payements d'iceux, fans au prealable en communiquer, & que marché, toifé, & vinte en foient faites par conclufion de la Communauté, donnee par efcrit, pour éuiter aux abus & defordres aduenus depuis que Maiftre Gabriel le Gentil eft en la charge, lequel n'a permis de faire aucun toifé & marché de plufieurs ouurages, la defpenfe defquels il a fait monter iufques à vingt mil liures, & plus.

C**ESTE** demande, outre le droict commun & couftume de tout temps obferuée par les deuanciers dudit le Gentil, eft fondee fur plufieurs reglemens & ordonnances donnez par Noffeigneurs les Reformateurs: D'ailleurs, s'il eftoit loifible au Procureur d'entreprendre baftimens, & faire choix d'ouuriers à fa volonté fans en communiquer: il arriueroit fouuent que le College feroit lezé en diuerfes façons & manieres, pource qu'il feroit baftir quand, à quel prix, & où bon luy fembleroit, & bien fouuent fans neceffité, pour conuertir *in rem fuam*, ce qui pourroit par aduis de la communauté eftre mefnagé au profit du College: car comme difoit Pline à Trajan, *nemo vnus omnes fefellit.*

SEPTIESME DEMANDE.

NE *quis fibi ius dicat* : & qu'il ne foit permis audit Procureur feul & fans pareil aduis de toute la Communauté, authorifé du commandement exprés de nofdits feigneurs les Reformateurs, refufer ou retenir les gages des Chappellains, & fepmaines des petits Bourfiers, & clercs des Chappellains, ny au Principal de condamner aucuns à l'amende : comme auffi d'expulfer ou congedier les petits Bourfiers : lefquelles voyes de faict font referuees aux feuls feigneurs Intendants, Patron & Collateurs par les ftatuts & reglemens.

L'attemptat que lefdits Principal & Procureur s'efforçoient faire

sur la iurisdiction & authorité de Nosseigneurs les Intendants,
Patron, Collateurs,& l'oppression effrenée dont ces simples officiers trauailloient les Chappellains leurs comparciers depuis l'a-
ction intentée, & lors qu'ils s'opposerent à leur volonté & desir,
pour la conseruation du reuenu du College, a donné subiect aux
Demandeurs de faire ceste requisition, afin de refrener telles entreprises desdits Principal & Procureur, qui ne doiuent suppedi-
ter des Officiers de mesme nature & puissance qu'eux en l'admi-
nistration du College, les vns & les autres ne faisás qu'vn mesme
corps & seule Communauté, laquelle est immediatement soubs-
mise à la direction desdits seigneurs Intendants.

A v surplus, il n'y a Arrest, Statut ny Reglement, en vertu des-
quels ils se puissent preualoir d'aucun fondement à leurs pretentions, ioint que si les Principal ou Procureur auoient seuls ceste
licence, ils pourroient chercher diuers pretextes, pour par ce
moyen au moindre subiect (comme ils ont de coustume) se vanger de leurs collegues, au lieu que la Communauté vray-sem-
blablement ne fera rien qu'auec bonne cognoissance de cause.
Et quant à l'expulsion ou destitution, il a esté ia monstré cy-dessus qu'elle se doit faire *dicta causa*, tant à cause du dommage & de
la perte, qu'aussi à cause de l'infamie : car selon le dire de Plaute, *etiam viuit, cum credas esse mortuam*: & faut que l'acte soit
par escrit, non simplement verbal, pour éuiter à surprise ou desad-
ueu, *D.D. in rubrica C. de sententijs ex breniculo,* (ou selon autres)
ex periculo recitandis.

HVICTIESME DEMANDE.

Ipsa dies alios alio dabit ordine luna.

M A i s tant y a que les Chappellains requierent icy que l'as-
semblée de la Cómunauté se tiendra le Samedy, de quinze
iours en quinze iours, à l'heure & au lieu qu'il plaira à Nosseigneurs d'ordonner, pour aduiser aux affaires d'iceluy College, à
laquelle se trouuerôt les Principal, Souz-maistre & Procureur, si
bon leur semble, & que lors que les Principal & Souz-maistre ne
s'y trouueront, le plus ancien Chappellain presidera, *cap. nr pro defectu è. de electione*: & ce qui sera conclud par la pluralité sortira
son effect, nonobstant tous refus ou empeschemens frustratoires,
l. quod maior, ff. ad municipales, & le tout doit estre inscript dans vn
registre, lequel sera gardé en la Chappelle dudit College.

NEVFIESME DEMANDE.

Exultat leuitate puer grauitate senectus:
C'EST pourquoy les Chappellains requierent que defences soient faites aux Principal, Souz maistre & Procureur, de faire appeller les petits Boursiers, encores qu'ils soient Maistres és Arts, en l'assemblee de la Communauté, pour les faire iouyr du suffrage de la voix deliberatiue, pour la grande consequence qui en peut arriuer, ains seulement s'y pourront trouuer lesdits Boursiers pour estre instruicts des affaires du College, attendu que la fondation ne leur donne aucun suffrage, comme de faict ils n'en ont iamais eu, & que seroient autant de voix gaignées pour le Principal, qui les reduiroit taisiblement au poinct de Xerxes, vers ses Conseillers: *Scitote vos habere parendi necessitatem:* Au reste il est certain à Rome que les iouuenceaux *publici Consily spectatores, antequàm consortes erant,* & que les ieunes Senateurs adoptez en l'ordre n'auoient point de droict de donner suffrage, *neque dicendæ sententia ante lustrum conditum:* aussi qu'à cause que le iouuenceau a plus d'impetuosité que de raison.

DIXIESME DEMANDE.

Ædepol nostra ætas (disoit Plaute) *non multum fidei gerit.*
VOILA pourquoy les Chappellains requierent, Que quand Nosseigneurs les Reformateurs viendront au College, ou qu'ils feront quelques reglements, le Greffier, ou celuy qui tiendra la place, sera tenu de dresser minute à leur presence de tout ce qui sera ordonné, & en deliurer copie, attendu que lesdits Chappellains n'ont peu auoir copie des derniers reglemens donnez, à ce qu'ils entendent à leur preiudice, sans les auoir oüis.

LA plume & le papier mesme crient pour la ciuilité de ceste demande, veu que c'est chose ordonnee par le chapitre *quoniam contra falsamë de probat.* & que l'actuaire tienne fidel registre, & le communique aux parties, selon qu'il est besoin: car cela ne doit estre ignore: & pour ceste cause Iules Cesar ordonna, *Vt diurna Senatus acta passim publicarentur.*

VNZIESME DEMANDE.

PHILIPPE de Macedoine ayant campé en certain lieu, & luy ayant esté dit, qu'il n'y auoit point de fourrage pour les cheuaux, dit que la condition des Princes estoit miserable, d'estre subiects iusques là. C'est le mesme soing qui a fait proposer cét article, à ce qu'il soit defendu ausdits Principal, Souz maistre, & Procureur d'empescher de mettre les cheuaux qui seront de la part desdits Chappellains, dans l'escuirie commune dudit College, selon qu'ils en ont iouy de tout temps.

DOVZIESME DEMANDE.

AVTREFOIS nostre Seigneur dit à sainct Pierre, *Filios Principum non soluere tributum*: pource que par vne interpretation benigne, *quasi condemni sunt* Et en ceste consideration, par le present article est requis qu'il soit ordonné que les Chappellains & Boursiers seront exempts de payer à l'entrée de la porte, au Portier aucune chose touchant le bois qu'il leur faudra au long de l'annee, & de tous autres tributs que ledit Principal pour se descharger de l'entretenement d'vn Portier, comme il est obligé, a innoué depuis sa venuë au College, & pourroit à l'aduenir innouer.

ARTICLE fondé tant sur la raison cy-dessus, qu'aussi pource que comme parle la loy, *ducunt vsu suo*, & en ce cas y a priuilege d'immunité, ou exemption pour le droict d'entree, *l. si publ cenit. §.1. ff. de publicanis & vectigalibus, & l. in lege censoria. § qu. d autem ff. de verborum significat.*

TREIZIESME DEMANDE.

Mysorum & Phrygum fines discreti sunt.

PARTANT est icy requis que defenses soient faites ausdits Principal, Souz-maistre, & Procureur, de s'ingerer en aucune façon de receuoir ou démettre les Clercs de la chappelle, ny mesmes de prendre le serment d'iceux, attendu que c'est chose qui appartient ausdits Chappellains seuls, priuatiuement à tous autres, suiuant le susdit concordat passé entre Messire Guillaume

de Dormans Euefque de Meaux, & le Sieur Abbé de fainct Iean
é, Vignes, confirmé par arreft de la Cour, en datte du dixhui-
ctiefme May 1389.

QVATORZIESME DEMANDE.

DEVS odit coacta feruitia. Et neantmoins pour le peu de deuoir
que font les Principal & Procureur d'affifter à la grãde Mef-
fe & Vefpres des Feftes & Dimanches, ny aux Matines des iours
folemnels, aux obits qui fe celebrent en la chappelle, ce neantmoins en perçoiuent les diftributions. A ces caufes les Chappellains requierent qu'iceux defaillans en foient admonneftez, ou
finalement contraints à peine de priuation en tel cas ordinaire,
& ce qui reftera des abfences, fera mis dans le tronc qui eft en la
Sacriftie à la prefence des Chappellains, d'autant que le Procureur y met ce qu'il veut.

CAR c'eft vne charge de confcience, & font tenus à reftitu-
tion de tout ce qu'ils auroient iufques à huy indeuëment receu,
cap. fi canonici, de officio ordinary, & cap. commiffa de elect.

AVSSI que c'eft en cela frauder l'intention des Fondateurs,
qui ont adopté des enfans fpirituels, afin de prier Dieu pour eux
à perpetuité, en leur affignant leur viure temporel: & neantmoins
ceux qui le reçoiuent oublient ceux vers lefquels ils ont cefte
obligation de droict diuin & humain, mefmement pource qu'enuers les defuncts, *eft mera religio vt erga viuos pietas.* S'ils pouuoient
reffufciter de leurs tombes poudreufes, que ne diroient-ils contre cefte irreuerence? ou que n'objecteront les furuiuans à leur
default, auec ce traict de Plaute,

Vos meminiftis quot Calendis petere demenfum cibum,
Qui minus meminiftis quid opus fit facto?

IL y a vn autre inconuenient, qu'en l'abfence des Principal &
Procureur, l'infolence & femille des ieunes efcholiers trouble le
diuin feruice, au grand regret & defplaifir defdits Chappellains,
qui iufques à huy nonobftant leurs plaintes n'auroient peu y faire donner ordre: & toutesfois felõ Varron, és myfteres des Payens
la formule eftoit, *pefcitolinguam:* ou cefte autre du Poëte, *Sint ora*
fauentia facris. Et par la Pragmatique il y a peine *in perturbantes*
fcandalo feruitium diuinum, fuiuant le canon *irreligiofa de confecrat.*
diftinct. 3.

Ce sont les premieres & secondes demandes faites par les Chappellains, sans toutesfois s'y restraindre, attendu que selon les circonstances elles se peuuent augmenter, & que d'ailleurs Nosseigneurs de la Cour y sçauront mieux prouuoir par leur discretion, afin que selon le dire du poëte Horace,

Qui quærunt patres vrbium subscribi statuis,
indomitam audeant refranare licentiam.

Ivsqves icy les Chappellains ont traicté les arguments appellez *insita*, par les Rhetoriciens, c'est à dire, qui naissent de la cause mesme, & sur lesquels Nosseigneurs se peuuent arrester pour la decision.

Neantmoins, d'autant qu'outre iceux Maistre Iean Grangier est venu à ceux que les mesmes Rhetoriciens appellent *adsumpta*, qui sont des moyens tirez hors de la cause, & lesquels peuuent plustost seruir d'vn simple motif, que donner vn fondement de Droict, pour y appuyer sentence ou iugement : lesdits Chappellains seront contraincts pareillement d'y venir, & donner attainte, *si tibi machæra est, & nobis est vrbina domi.*

Et diuiseront ces arguments extrinseques en deux chefs sommaires. Le premier, par lequel Maistre Iean Grangier fait sonner fort hault ses pretendus merites Le second, par lequel à l'opposite il descharge sur lesdits Chappellains, mesme sur leurs Fondateurs, toutes sortes d'improperes.

PREMIER CHEF DE M.

Vne ferueur de principe, Maistre Iean Grangier fait resonner qu'à son entrée au College il auroit fait des regles scholastiques, de vray il les rapporte au nombre de 18. couchées au stile des douze Tables, ou de ces deux vers d'Horace.

Transnanto Tyberim, somno quibus est opus alto,
Irriguumque mero sub noctem corpus habento.

Or puis qu'il s'agist de chose serieuse, les Chappellains ne diront pas icy auec Plaute,

Edictiones basilicas hic habet.
Mirum nisi Ætoli hunc sibi fecerunt Agoranomum.

Toutesfois ils oseront asseurer qu'il n'y en eust iamais la quatriesme partie obseruée, & que par là seroit aduenu ce que dit sainct Cyprian en l'vne de ses Epistres, *incisa sunt in medio foro tabula, & inter leges ipsas delinquitur.*

SECOND CHEF.

LATERITIAM inuenit fecit marmoream domum. Et les Chappellains respondent que ç'a esté aux despens & frais cõmuns de la Bourse du College, & principalement des deniers prouenãns de la vente d'vn bois proche Lisy, des droicts de quint & requint à cause de la seigneurie de Nantheau, & des auances faites par Maistre Nicolas le Naim, se montans suiuant le calcul fait en son Liure, page 63. à sept mil six cens cinquante liures tournois: partãt qu'il a tort de s'en vouloir tout seul approprier l'honneur: c'est faire comme Iules Cæsar enuers Bibulus son collegue, selon que rapporte Suetone, *quia communium impensarum sibi solus honorem tribuebat, ideoque Bibulus dicebat, idem sibi quod Polluci euenisse, vt geminis ædes in foro constituta solius Castoris vocaretur.*

LE mesme Cesar faisoit d'ailleurs toutes choses de sa teste, sans collegue, & ainsi on n'escriuoit pas *Cæsare & Bibulo: sed Iulio & Cæsare consulibus*, puis on adioustoit,

    Nam Bibulo gestum nil memini.

MAIS bien lesdits Chappellains se plaignent de ce qu'il auroit fait emporter *ruta cæsa* du College dans sa maison de Sesure: ce qu'il n'eust fait, si le prix & la valeur n'en eust esté pour l'espargne du sien.

    Væ illi (disoit Plaute) *qui tam indiligenter obseraauit ianuam.*

III. CHEF.

DIGITVM *intendit ad fontem*, dit qu'il a procuré l'aqueduc de la belle fontaine du College, & qu'il l'auroit enrichie en or & en marbre de son inscription.

CEST de mesme que Pompee, *ante omnes, aqua per semitas decursu æstiuum minuit feruorem*: mais la merueille en seroit bien plus grande, si l'on en pouuoit faire vne fontaine Caballine, au laper de laquelle

    ——————*peterent iuuenésque senésque,*
    Finem animo certum, miserísque viatica rugis.

MAIS s'il a gratifié les Nayades de ce costé là, non toutesfois du sien, mais des liberalitez du College, quelle offense d'autre part *in manali lapide* enleuee à Sesure? quelle contumelie aux Hamadryades, & au pere Silene, d'auoir fait arracher les arbres, & les treillis du iardin?

                    Dicere

Dicere vix possis, quàm multi talia plorent.

IIII. CHEF.

ORDINAIRE à tous chefs de s'attribuer tout ce qui est de bon, & de reiecter sur les autres tout ce qui est de mal. Partant, pour ne s'estendre dauantage sur ce poinct, qui apporteroit plus de pudeur, que de profit, les Chappellains diront que tous ces pretendus merites sont icy estalez hors de propos,& inutilemét.

SI c'estoit vn procez criminel intenté contre Maistre Iean Grangier, & auquel il courust fortune de sa vie, pour quelque mal-heureux accident, trop ordinaire aux hommes, la verité est que pour exciter la Cour à pitié, ou amoindrir sa peine, il auroit sujet de mettre en contre-balance ses gestes & merites, afin de donner lieu à la vieille loy des Perses, par laquelle quand vn Seigneur de marque estoit accusé,alors on contre-pesoit ses merites auec ses demerites,& si les premiers emportoient sur les derniers au contre-poids de la balance, alors c'estoit pour luy vn moyen de grace & d'absolution.

OR Maistre Iean Grangier au cas qui s'offre, n'est point reduit à ceste extremité,c'est vn procez pur ciuil,& qui a pour motif vn reglement assez ordinaire entre gents de mesme profession : donc n'estoit-il besoin qu'il entrast en vn si grand panegyrique de ses pretendus merites,d'autát que quelques sourcilleux voudroient plustost attribuer ceste iactance à vne vaine gloire qu'à vne iuste & legitime defense : & quant ausdits Chappellains ils en seroient quitte pour dire,

> *Cœpisti melius quàm desinis, vltima primis*
> *Cedunt, dissimiles,hic vir, & ille puer.*

II. PARTIE, touchant les improperes.

GRAND desplaisir, disoit Pythagore, de gouster de la queuë noire, partie pour ce qu'il est à presumer qu'aucun ne se iette sur les iniures qu'à faute de bon droict, ne plus ne moins que le corps qui n'a point de bonne nourriture pour se substanter, est côtrainct de se fomenter par ses mauuaises humeurs, partie pour ce que d'vser de talion,cela est plustost digne de l'iniuriant, que des iniuries, *cur non iniuriam patimini*? disoit S.Paul.

Icy neantmoins par respect sera gardé tel temperament, que plusieurs reparties,quoy que maintenuës veritables par les Chapellains,qui regardent plustost la personne des assaillants, que la decision de la cause,seront tenuës souz la main d'Harpocrate: &

celles-là feules feront mifes en auant, par lefquelles les Chappellains efperent pouuoir deffendre l’honneur de leur Fondateur,& fe garentir des improperes dont on les a chargez, auec autant de feu que l’eauë de leur innocence (côme parle Ciceron) le pourra facilement efteindre : de mefme que felon Pline, *prænalet ocetum aduerfus aſpidis ictus.*

I. CHEF D’IMPROPERE.

Haud doctis quid certas dictis, fed maledictis?

LEs Chappellains feroient volontiers ceſte queſtion à Maiſtre Iean Grangier, pourquoy, puis que pour s’exempter de l’ordre de Preſtrife, il defire interpreter en fa faueur leur inſtitution, il n’honore pas la memoire de leur Fondateur par pluſieurs eloges que fes dignitez eminentes, grandes vertus, & fouuerains bienfaits enuers le College ont merité : au lieu de l’accuſer de mauuaiſe foy en fa fondation, impoſant impudemment en ces mots, *Que ce qu’il a donné ne feruit que pour remplacer ce dont apres le deceds de fon oncle, il s’eſtoit accommodé pour fubuenir à fes affaires des grands deniers & meubles precieux que fondit oncle auoit laiſſé par teſtament au College.* Dauantage, pour feur fondement de fon dire, (à ce qu’il luy femble) il infere d’vne Bulle de Pardons & Indulgences octroyées à ceux qui viſiteront és bonnes Feſtes de l’année la Chappelle dudit College, que l’entretien des ornements n’eſt fondé que fur les aumofnes & oblatiõs, auiourd’huy nulles,

Hæc animus meminiſſe horret luctúque refugit.

P’ovR faire voir à l’œil prefque femblable malignité, dont a vfé Maiſtre Iean Grangier, au recit qu’il a fait des fondations, que Plutarque remarque en l’hiſtoire Grecque d’Herodote, ne fera icy obmis qu’il a interuerty en pluſieurs endroits le fens & intention des Fondateurs, donnant en l’interpretation par luy faite de la premiere fondation libre entree à toutes nations aux charges du College : lefquelles par fondation expreſſe font affectées aux feuls Diocefains de Soiſſons, comme il a eſté declaré cy deſſus. Voulant que la charge des Chappellains ne leur fuſt à vie, mais prefcripte de quelque temps par vne clauſe inuentee, qui, fouz correction, ne fe trouue en aucun endroit de la fondation, laquelle contient ces mots, *Burfarij perpetui,* & non comme fuppofe ledit Grangier, *presbyteri ad tempus deferuientes.* Et quant à ce qu’il defire confirmer ce texte falfifié fur l’authorité du concordat omologué par arreſt du 18. May 1389. où declarant le droict de presentation du sieur Abbé de sainct Iean és Vignes, tant aux charges, que bourses, il est exprimé en ces mots, *Præsentatio omnium Scholarium & Presbyterorum, ac Capellanorum, Bursariorum in Capella dicti Collegij ad tempus deseruientium, præsentium & futurorum iuxta formam statutorum, pertinet & pertinebit, &c.* l'on doit expliquer ce texte *ad tempus deseruientium*, par ces mots François, *tant qu'ils seront en leurs charges:* pource que mesmes il ne s'entéd seulement des Chappellains, mais aussi des Principal & Procureur, mentionnez par ce mot *Presbyterorum*, & des Boursiers signifiez par cét autre *Scholarium*, des Souz maistre & Religieux entendus souz cestuy-cy *Bursariorum*, ou compris par les autres cy dessus rapportez. Pour le rendre & le Procureur plus absolus au maniement des deniers, il suppose que lesdits Chappellains ne doiuent auoir cognoissance des affaires: mais il ne considere pas qu'elle leur est commandee par le serment prescrit en la fondation, & par vne iouyssance continuelle depuis leur institution, authorisee de plusieurs ordonnances & reiglemens. Il adiouste qu'ils n'ont esté couchez en l'augmentation des gages & bourse, faite par les fondarions de Madame Ieâne & Messire Guillaume de Dormans: le contraire sera facilement colligé par le recit qui s'en fera cy-aprés.

RESTE maintenant à rejetter l'impropere & calomnie imposée à Messire Milon de Dormans, Chancellier de France, & Euesque de Beauuais, fondateur des Chappellains, lequel est recognu en plusieurs statuts & reglemens confirmez, aucuns par la Cour, les autres par les Seigneurs Intendants auoir grandement aduantagé le College selon ces termes, *Qui Cappellanorum domos, ædificia nostra fecit & construxit, cappellanoǭ, & diuinum officium instituit & ordinauit, nec non Colleg̃ũ nostrum quamplurimum decorauit; & aussi par ces autres, Per dictum nepotem suum quod tunc erat modicum, notabilibus ædificijs, & reditibus, ac capella solemni fuit multipliter augmentatum, & decoratum.*

LA preuue de l'ample dotation pour l'entretien des ornemens de la Chappelle, sera suffisamment prouuée par le texte cy-dessus cotré: & les trois fondations non auiourd'huy remplies, sçauoir de Madame Ieâne de Dormans, mere de Messires Milon & Guillaume de Dormans, & dudit Messire Guillaume, & Madame Ieanne de Dormans sa sœur, pour fonder trois Chappellains, augmenter le culte diuin, & les gages des Principal, Souz-mai-

G ij

..e, Procureur, Chapellains, & Escholliers: par lesquelles ont esté
donnez grands reuenus & rentes, qui se montét à present de seize
à dixhuiĉt cens liures : & impugner toutes ces veritez pour vne
haine & mal veillāce portée aux Chappellains, laquelle deuroit
auoir quelques limites, non pas franchissant les barrieres des pas-
sions humaines, venir choquer les choses sacrées & le tombeau:
n'est-il pas à craindre que l'on die quelque iour des amis de Maistre Iean Grangier de mesme que de ceux de Tydée,

> ———————— *minùs ingemuere iacentem*
> *Inachidæ, culpántque verum , & rupisse queruntur*
> *Fas odij.*

II. IMPROPERE.

VOPISQVE reprochoit à nos vieux Gaulois que de leur hu-
meur ils estoient turbulents, *& semper rerum nouarum appe-
tentissimi* : c'est le mesme impropere que l'on fait contre les Demandeurs : voire comme si c'estoit pas assez de les charger de
leurs pretendus crimes, on leur va resueiller & imposer ceux de
leurs Deuanciers, qui neantmoins dorment & reposent en paix,
& qui n'ont iamais encouru le moindre soupçon de l'homicide
dont on les veut meschamment charger : *at sæuire in mortuos
quàm impium !* on adiouste que lesdits Demandeurs se sont de
tout temps bandez contre les Principal, Souz-maistre & Procureur : qu'ils ont plaidé contre eux, & ont voulu tenterpar la voye
de Iustice, ce que autrement ils ne pouuoient d'eux-mesmes.

TERRIBLE impropere de prime face! si l'extrauagance effrenée de tels officiers n'en auoit esté cause : de mesmes que l'on
diĉt qu'Hercules auroit esté abandonné par les Argonautes, à
cause qu'il se rendoit trop insupportable.

AV lieu que tels officiers se pouuoient facilement preseruer
de ceste secousse par vn comportement esgal & temperé, & se
contenants tellement en leur deuoir que leurs consorts n'eussent
eu occasion de les reduire aux termes de leur deuoir par voye ordinaire en tel default.

PARTANT, puis que les deuanciers des Principal & Procureur de present, ont abusé de leur charge & deuoir pour se ietter
hors de ligne & d'espace, & opprimer ceux vers lesquels ils doiuent garder plus de respeĉt & moderation : que pour ceste cause
les predecesseurs desdits Chappellains se sont roidis, non tant
contre eux que contre leur forme d'oppression contraire au statut, estant auiourd'huy continuée par ledit Grangier, qui s'est

touſiours vanté qu'il eſtoit entré en Renard,& ſe comporteroit
en Lyon (ce qu'il a faict aſſez paroiſtre par ſes deportements)
Quelle merueille ſi les Chappellains y mettent toute ſorte de re-
ſiſtance ? car ils y ſont obligez par le ſerment porté dans le ſtatut,
en ces termes, *Capellani in ſuo introitu iurabunt præmiſſa debite fa-*
cere , mores,vtilitatem,& honorem domus & collegÿ pro poſſe ſeruare.

III. IMPROPERE.

Telis Phœbe tuis lachrymas vlciſcere noſtras.

C'Est le vers que Maiſtre Iean Grangier rapporte luy auoit
eſté dict en l'oreille par le ſieur Hoyau lors qu'il luy reſigna la
Principauté, reprochant aux Chappellains qu'ils l'euſſent fait
mourir à force de procez, s'il euſt veſcu plus long temps au College : ce vers là eſt traduit d'Homere au 1.de l'Iliade,quād Chry-
ſes Preſtre d'Apollon ſe veid meſpriſé par les Grecs.

Mais ſent-il point autant ſon Payen , que celuy-cy de Pho-
cion ſon Chreſtien, lequel eſtant iniuſtement mené au ſupplice,
pria de porter ceſte derniere parole à Phocus ſon fils, Que ſ'il ſe
vouloit monſtrer obeiſſant vers luy, iamais il ne fiſt vangeance de
ſa mort. Et Apollonius dit aux Gymnoſophiſtes, Que c'eſtoit
vraye iuſtice, de ne ſe point vanger de ſes ennemis. Icy enuers ſes
confreres on fait dire à vn Chreſtien, *Telis Phœbe tuis, &c.*

IIII. IMPROP.

Cui grauis attrita dependet Cantharus anſa.

TAnt ce mot de vin,tant ce Poicteuin,tant ce porteuin eſt ex-
agité, eſt exaggeré & auec tāt de ſortes de ſynonimes,qu'il eſt
eſt à craindre que ſur iceluy, *pſallant quoque qui bibunt vinum.*

Les Chappellains reſpondent, Qu'on voit bien par là , que ſi
maiſtre Iean Grangier auoit quelque choſe à dire de plus atroce
contre eux, il ne ſe fuſt amuſé à choſes ſi friuoles. Et combien
qu'elles ſoiét plus dignes de meſpris que repartie, ſi eſt-ce qu'autant pour la deſcharge de leur conſcience, que pour leuer en public ceſte fauſſe impreſſiō, ils peuuét aſſeurer qu'il ne s'eſt iamais
rien paſſé de leur part aux baux du College,que ſinceremét & de
bonne foy,ſelon les ſolemnitez & formes accouſtumees:qu'ils ne
ſçauét que c'eſt de fraudes & monopoles , eux gents Eccleſiaſtiques, qui n'ont pour toute rubrique , ſinon, *inter bonos bene agier.*

Qvi ſi iamais il s'eſt donné des preſens, ou pot de vin au deſ-
ceu de la Communauté lors de la confection, où cloſture des
baux du College,le plus ancien Chappellain , lequel ſeul ſemble

eſtre plus griefuement offenſé en ceſte impoſture,& qui pour ceſte cauſe, pourroit iuſtement ſe pouruoir à l'encontre de tel ca-
lomniateur, afin de reparation, ſe contentera icy de faire voir ſon
innocence de ceſte part, & permettra pour cét effeᶜᵗ que toutes
ſes actions depuis cinquante ans, & plus qu'il eſt au College, ſoiét
miſes *in trutina*, pour eſtre peſees & examinees, à ce que l'on voye
s'il a iamais fait choſe qui ſoit contre le bien, profit & vtilité du
College: & au contraire s'il a pas touſiours reſiſté courageuſemét
à ceux qui ont voulu entreprendre contre iceluy: aſſeurant au
reſte que tels pots de vin ne ſont alors non plus entrez & tournez
à ſon profit, ny des autres Chappellains, comme ceux que peuuét
à preſent tirer ſouz main les Principal & Procureur. Et c'eſt en ce
poinᶜᵗ principalement que Maiſtre Iean Grangier a eu raiſon de
dire que les Chappellains ſe ſont touſiours bandez contre les
Principal, Souz-maiſtre & Procureur: d'autant qu'ils n'ont iamais peu ſouffrir que le bien fuſt adminiſtré de la ſorte: auſſi comme dit fort bien Plaute,

     Quid eſt ſuauius quam rem benè gerere bono publico.
C'eſt iuſtement ce que deſirent les Chappellains, leſquels comme vrais enfans de la maiſon, n'ont autre but, ſinon la conſerua-
tion & augmentation du bien du College.

V. IMPROP.

HEIC eſt ſuccus *nigra loliginis*, quand il les argue de ne pas celebrer le diuin ſeruice, ny auec la deuotion accouſtumee, ny
aux heures deuës, & qu'ils s'aduancent le plus qu'ils peuuét, afin
qu'ils employent le reſte du temps à pourſuiure des procez.

    Parcius, iſta viris, puis que ceux qui aſſiſtent ſi peu au diuin ſer-
uice, n'en peuuent bien parler, & neantmoint ils ſe contrarient en
ce qu'à toutes les fois que Noſſeigneurs les Reformateurs ſont
venus au College, & qu'ils ſe ſont enquis ſur ce ſujet (comme le
iour ſainᶜᵗ Mathias 1627.) touſiours les Principal & Procureur
ont reſpondu que le diuin ſeruice eſtoit bien celebré. Et en cela
n'ont rien dit pour applaudir aux Chappellains, ains ſelon la verité : auſſi le ſeruice eſt-il fait à ſes heures, les Matines, *ante clique-*
tum, ſelon le mot du ſtatut, c'eſt ce que le Concile de Tours appelle *manicare, vel de mane celebrare*, le reſte aux heures deuës.

    LEVR regret eſt, outre le bruit des Eſcholiers, lors qu'ils ſont
à l'Autel, que Maiſtre Iean Grangier auroit fait baſtir à grands
frais du College pluſtoſt vne gallerie que Iubé, ou Doxal, en la

Chappelle, par où paſſent & repaſſent les ſeruiteurs, filles & ſer-
uantes de ſes alliez, pour aller de maiſon en autre, ce qui les of-
fenſe fort, tant pour l'irreuerence que pour l'interruption qu'ils
reçoiuent durant le ſeruice.
—— *Cornua quod vincátque tubas.*

VI. IMPROPERE.

Il comprendra en general, *& per ſatyram,* ce qui a eſté ſatyri-
quement ramaſſé contre les pretendus defaults de leur capacité,
aux arts, aux ſciences, au chant eccleſiaſtique, en leurs deporte-
mens priuez, en leur conuerſation, ou de ceux qui les frequétent,
auſquels par fois ils donnent l'heberge. Il y a cinquante ans que
le plus ancien eſt en charge, iamais n'a eſté formé contre luy ne
contre les autres aucune plainte ny reproche : il a eſté pluſieurs
fois honoré des commandemens du feu Roy Henry troiſieſme,
lors qu'il eſtoit ſon Chappellain ordinaire, & employé en ces autres fonctions honoraires de grand Vicaire Noſtre-Dame de Paris, & de Viſiteur du meſme Dioceſe : dans leſquelles charges il
s'eſt touſiours ſincerement côporté : les autres ſe ſont conſeruez
en la reputation & renommée que leur bonne vie & mœurs leur
ont acquis: & c'eſt à tort que Maiſtre Iean Grangier (par vn traict
de raillerie) dict que Maiſtre Pierre Crin, le ſecôd des Chappellains, s'eſt abſenté quelques mois afin d'vſer des meſmes termes,
*Pour eſprouuer s'il ſe trouuera bien dans vne Cure qui ait le clocher tour-
né à ſa fantaſie :* en ce que depuis vn an & plus que le procez eſt
intenté, ledit Grangier & le Procureur ſon beau-frere, par con-
ſpiration faite entr'eux de ſe vanger, retiennent ſes gages, & par
ce moyen l'ont contraint de ſe retirer pour quelque temps en la
ville de Compiegne, vers ſes parens, en attendant que Noſſeigneurs les Intendants reforment tels abus & entrepriſes ; ce qu'il
a fait par côgé & permiſſion de la Communauté à laquelle il s'eſt
touſiours ſoubzmis : de ſorte que les calomnies inuentées contre
leſdits Chappellains ſe diſſipent d'elles-meſmes, joinct qu'il ne
reüſſit iamais bien à ceux qui ſelon le dire du Poëte,
Lambunt degeneres aliena vulnera præda.

Articles ſur leſquels Maiſtre Iean Grangier
s'accuſe luy-meſme.

SIT *peccanti medicina confeſſio:* I'ay, dit-il, trop de charges enſem-
ble, pour bien m'acquitter de chacune en particulier. Le Souz-

maistre dissimule beaucoup de choses, le Procureur ne visite assez les maisons des champs, &c.

Qv'il aduise donc sur ce remord de conscience, s'il fera comme Caius Figulus, & Scipion Nasica, qui ayans receu aduis par les Augures que leur election auoit esté vicieuse, *& in tabe macula male capto*, ils se démirent volontairement de leurs charges, *& consulatu se abdicauerunt*.

S'il a pris la Principauté du College dudit Hoyau, moyennant (dit-il) recompense & satisfaction, sans dire quelle, & auec quel traicté de resignation, est-ce pas à luy d'examiner si sa conscience est nette de ceste part? s'il a trop de charges, *quis te coegit*, disoit Caton à Caius Albinus: Si les Souz-maistre & Procureur manquent à leur deuoir, que ne les fait-il reprimender? pourquoy est-ce qu'il ne s'addresse contre eux, au lieu d'auoir perpetuellement l'arc de son indignation contre les Chappellains, qui ne luy ont iamais mesfait, ny mesdit: ains ont tousiours recherché par toutes sortes de voyes les moyés de se pouuoir entretenir en paix & vnion, & qui s'acquittent bien & deuëment de leurs charges, & qui prient Dieu iour & nuict pour le repos des Fondateurs, & la prosperité de tous les bien-faicteurs du College.

Qvant à ce qu'il dict qu'il y a treize ans qu'il est dans le College, & qu'il auroit refusé des conditions qui luy auroient beaucoup mis de *Mammon* en sa bourse, permis à luy de le dire, sans qu'autremét on s'en vueille enquerir: tant y a qu'il sçait ses affaires, chacun les siennes, *& quisque efficit pro opibus suù mænia*: beaucoup font des rencheris par cét artifice, mais qui les empesche,

> —————*maioribus ire per altum auspicibus?*

Povr la fin, il fait grand trophée de ce que Maistre Nicolas le Nain l'vn des cinq Chappellains a faussé compagnie. Il dit que ç'a esté par scrupule, & les autres par practique secrette, & violente intimidation. L'on a tasché à gaigner le reste de mesme, mais le bien public du College, plustost que leur contentement particulier, les a fait perseuerer en leur droite volonté, sans auoir que faire de celuy, *qui abiit vt taurus in syluam*.

Et pour la fin, oseroit on asseurer que si vn Isocrate auec toute son eloquence auoit à respondre à tout ce que dessus, il seroit contraint de dire auec le Poëte,

Destituor prudens artis ab arte mea.

FIN.